シニア右翼

日本の中高年はなぜ右傾化するのか

古谷経衡
作家

790
中公新書ラクレ

目次

プロローグ――右傾の主役　9

シニアとは何者か？／若者右傾化論はウソ／名作に見る賢人としてのシニア像／誇らしかった祖母の思い出／ヘイト、刑事事件の数々／シニア右翼に逆らえないメディア業界

第一章　右傾の内側――息を吐くように差別をするシニアたち　23

若者の街・渋谷に出現した「大人の拠点」／弁護士21名への大量懲戒請求事件／謎の煽動者を支持したのは誰か？／私はシニア右翼を「参与観察」してきた／なぜ日の丸をペイントして君が代を歌ったのか／架空戦記モノと『戦争論』からの影響／保守論壇は「老人ホーム」／若さが希少価値に／「民主党政権打倒！」と叫ぶ老人たち／東日本大震災と原発賛成・護持／若者向け番組へのリニューアル失

敗／安倍人気の遠因／安倍待望論の主力は誰だったのか？／右派集会が格好の参与観察の場だった／私がチャンネル桜に幻滅した理由／バッシング、誹謗中傷との闘い

コラム1　宗教保守とは何か　66

第二章　右翼とは何か、ネット右翼とは何か　83

源流は幕末の水戸学／戦前の一君万民論とアジア主義／「異端」の清朝、「失望」の中華民国／現在の右翼は「エセ右翼」／「ネット右翼」とは何者か／「保守系言論人」「右派系言論人」の熱心なファン層／ネット右翼の属性は「下士官」クラス

コラム2　ネット右翼の総人口を見積もる　104

第三章　右傾の門戸——ネットの波に遅れて乗ってきた人々　113

きっかけはYouTube／パソコン通信からインターネットへ／ネットは普及当初、文字の世界だった／ケータイ第一世代はネットの情報を警戒していた／ゼロ年代、一気にブロードバンド大国へ／YouTube無料公開で躍進した右派番組／シニアのネット利用者は爆発的に増加した／シニア層はネットの危険性への免疫がない／もはやネットユーザーの主力はシニア／シニアのSNS利用は動画に偏重している／「ネット動画ユートピア国家」の誕生／アメリカの陰謀論者はシニア右翼か？／アメリカの右翼は若い／『ノマドランド』に見るアメリカのシニア像

コラム3　保守と右翼　159

第四章——未完の戦後民主主義　169

「亡き父は晩年なぜ『ネット右翼』になってしまったのか」／戦後民主主義を享受した世代が、なぜ？／「ただなんとなく、ふんわり」とした受容／戦前と戦後の連続

①戦前と戦後の連続　181
看板のかけ替え／ナチを否定した戦後ドイツとの違い／翼賛系人脈の残存／疑似軍隊としての学校、企業／札幌市のど真ん中の家庭で見た「未完の民主化」
②民主的自意識の不徹底　201
「半農国家」戦前日本の実力／郡部が自民党を支えた／1票の格差が「保守王国」を育んだ／職能団体による与野党支持／都市部政党への脱皮を狙った小泉構造改革／構造改革の不徹底／百年の計より5年後の生活
③戦争の反省の不徹底――幻の戦争調査会　218
極東国際軍事裁判と「戦争調査会」／戦争調査会はなぜ短命に終わったのか／戦争の公的な総括は一度もない
④戦争記憶の忘却　226
戦後メディアの矜持／戦争経験者の死去とともに風化するもの／

「なぜ戦争が起こったのか」が、なぜあいまいにされるのか／だから トンデモ理屈に飛びついてしまう／教育で現代史を「できない」理由／すぎやまこういちの敗戦体験／手遅れにならないうちに……

コラム4　異形の「親米保守」　243

終章　老人と子供　259

革新側のシニア化／ウトロ地区放火犯は22歳（当時）／若年世代がネット右翼になる可能性／大友克洋の漫画『童夢』の炯眼／SDGs教育の危うさ

エピローグ——この国に「真の民主主義」は可能か　273

図表作成・本文DTP／今井明子

プロローグ――右傾の主役

シニアとは何者か？

街を歩くと本当に老人の姿ばかりを見かける、という印象は私が作家という自営業者であり日中の住宅街を歩くことが多かったり、逆にビジネス街に行く機会がほとんどなかったりするという生活スタイルがもたらしたものばかりではない。本当にこの国は老人が増え若者が減っている。私は１９８２年に札幌市で生まれた。この年に生まれた男女合計の世代人口は約１５１万人である。これは現在までの死亡者を含んだ数字だが一方、２００２年に生まれた現在20歳の世代人口は約１１５万人。単純に２割減っている。

年齢階級別（5歳階級）でみても若年層の人口減少はすさまじい。２０２０年現在の国勢調査によると、私が属する35～39歳の階級合計の人口は約７５０万人。20～24歳の階級は約

632万人。0～4歳で454万人である。加速度的にどんどんと減少する。他方、50～54歳は約874万人。70～74歳で919万人である。

「シニア」の定義は様々だが、本書では便宜的に50歳以上とする。なぜなら50歳を超えたところから、何らかのシニア割が事実上始まるからだ。有名ホテル傘下のレストランもしゃぶしゃぶ食べ放題も、大体50歳から何らかの割引が始まる。JR東日本とJR北海道が実施している「大人の休日倶楽部」は50歳から入会でき、年会費を払えば電車の切符が5％割引される。高齢者の空き家対策・住み替え支援を行っている「移住・住みかえ支援機構（JTI）」の対象年齢は50歳以上だ。

確かに今の50代は若い。若いけれどもそれは相対的な意味で、戦前なら立派な老人である。太平洋戦争が始まった時、山本五十六は57歳だった。第一線を退いた後、日米開戦に際して連合艦隊司令長官に再任された老境の人だ。50代とは絶対的にはこのような年齢なのである。

ただし本書では、確かに50歳以上全ての人々を一括して「シニア」とするのは些か心外だ（——私はまだまだ若いんだという人は沢山いる）とする向きもあろうことを承知したうえで、50～64歳を「ライトシニア」、65歳以上を「ディープシニア」などと使い分けることとする。これらの年代を総称してシニアとするが、場合によってさらに細かくこのように表記する場合がある事をご承知おき頂きたい。

若者右傾化論はウソ

日本では右傾化が顕著だ、とされて久しい。永らくその主役は20代などの若年層で、社会的には低学歴で十分な教育を受けておらず、無職・ニート・非正規労働者などの人々であるとされてきた。隣国や在日コリアンへのヘイトを高らかに叫ぶ彼らは、社会経験が薄弱であり下品で反知性的な物言いから学歴も低いとみなされてきた。端的にそれは嘘である。

私は永らく右翼業界に居を構えてきた経験上、彼らの中に若年層をほとんど見たことは無かった。重ねて入念に調査しても彼らの年齢の中心世代はアラフォーかそれ以上であり、大方は四大卒以上の学歴を有した。この学歴は同世代の四大進学率より有意に高かった。この時、私の調査発表は日本社会に大きな影響を与えた。社会の中に漠然とあったそれまでの右翼観が覆されたからだ。そしてこの調査から10年以上が経ち、現在彼らの年齢はそのまま加齢して50代以上となっている。まさにシニア右翼と呼んで差し支えない。

既存のマスメディアは、国政選挙のたびに世代別の投票先を出口調査から推測している。そうすると若い世代、つまり10代（法改正で新たに選挙権を有した18歳・19歳）や20代になればなるほど自民党支持者が多く、よって若者は右傾化しているという結論に飛びついていく。これはミスリードであり間違った分析である。

数字で示すと次の通りになる。現在、20代の総人口は約1260万人である。それに対し、50歳以上のシニア層は約6080万人である。日本の総人口の約半分が50歳以上だ。分母がまるで違うのである。

確かに「投票所に行った」世代別の有権者の中で、若年層の保守政党への投票が「やや」多いという結果は出ている。が、これも単純な計算で覆されてしまう。それぞれの分母に投票率をかけてみるとよい。20代の投票率は毎度の国政選挙で約30％、50代以上で平均約65％というところである。すると投票所で意思を示した20代の絶対数は、1260万×0・30＝約378万人。50代以上では6080万×0・65＝約3952万人になる。この中で保守政党に投票した有権者をそれぞれ4割とすると、20代でのそれは378万×0・4＝約151万人。50代以上では1580万人になる。比率で言えば1：10である。

もちろん保守政党に投票した人＝右傾化とは必ずしも言えない。中にはイデオロギーというよりも業界の利害や関係性のみで投票先を決める人が大きく含まれているからだ。しかしこのような投票行動を右傾化と規定すれば、その主役は明らかにシニア層なのである。因みに2022年参議院通常選挙に於いて、自民党は全国比例票で約1826万票を獲得している。揺るがざる「シルバー民主主義」の所以《ゆえん》である。

日本の右傾化の主役は明らかに50歳以上のシニア層だ。右傾雑誌もとい或る有名な保守系論壇誌の平均読者年齢を私は過日編集部に聞いたことがある。回答としては若くて50代、主力としては60代・70代以上というものであった。なぜならそういった年齢層の人が熱心に編集部宛てに毎月感想の手紙を送ってくるし、編集部が協賛するイベントに出張って来るのも軒並みこの世代の人々だからという。街頭に出て身体的に積極的なパフォーマンスをする人々はさすがにもう少し若いが、依然としてこの国の右翼界隈において、熱心な活動をする人々の主力はシニアである。この事実を忘れてはいけない。

久しぶりに実家に帰ると、それまで穏健な戦後民主主義的価値観を有していた老いた親が急に政治的右翼に目覚め、YouTubeで右傾的番組の熱心な視聴者になり、保守系論壇誌の定期購読者になっていた——。こんな事例は枚挙に暇がない。私の周辺にもこの手のシニアは多数存在する。そして、もちろん絶対数は少ないけれども彼らシニアの中でネット上でのヘイトが昂じて刑事事件になって逮捕されたり、民事事件に発展して多額の賠償命令を出されたりする事例が全国で頻発している。彼らの年齢に着目すると、やはりそのほとんどが50

歳以上のシニアだ。つまりシニア右翼なのである。

名作に見る賢人としてのシニア像

私たちはここで大きな疑問にぶつかる。若者は社会経験に乏しく無鉄砲だからつい攻撃的になったり無思慮な差別を公言したり、かつその社会的な負の影響を想像する力が足りない。そして新しいもの――つまりネットという比較的新しいツール――に無批判に飛びつき、それを利用した煽動に同調しやすい傾向にある、という仮説があったとしたらまあ分からないではない。そしてこういった若者はしばしば大きな失敗をして年長者に諫められ、その都度反省をして「真の大人」に成長していくのだ――。普通の若者像とはこれだ。

F・コッポラの名作『ゴッドファーザー』を観たことがある人は多いだろう。マーロン・ブランド演じるマフィアのボス、ドン・コルレオーネは劇中で50代後半から60代前半の初老の男として描かれている。この作品で真っ先に死ぬのはコルレオーネの長男で後継者と目されていたソニーである。

ソニーは劇中で20代後半くらいの若者で、短気で無鉄砲で現在でいうところの「チャラ男」的気質で根が適当だったが故に敵対マフィアの待ち伏せ攻撃によりセミオートの機関銃でハチの巣にされて死ぬ。常に穏便かつ冷静にその場を仕切っていたのはシニアのコルレオーネである。シニアは常に冷静で俯瞰的であり中道で居続け、激昂することなく若輩に道を示す――。年長リーダーの見本を示したような映画だ。

あるいは『猿の惑星』で主人公の人間と奴隷に憐憫の情を見せたのは血気盛んで人間に対し差別感情がある猿の若者ではなく長老だし、『スター・ウォーズ』で帝国軍と対峙し自由と民主主義を護持すべく裏方で奮闘するのはシニアから構成される元老院の人々である。

1997年に大ヒットして邦画における日本の観客動員数を塗り替えた宮崎駿監督のアニメ映画『もののけ姫』では、鎮西（九州）から「たたら場」に渡海してきたイノシシの老賢者・乙事主《おっことぬし》が、「わしの一族を見ろ。みんな小さく馬鹿になりつつある」とヒロインのサンに叫ぶのが衝撃的だった。乙事主は動物だが、明らかに共同体の中で知性ある老人を象徴する存在である。もののけ姫の主舞台は応仁の乱がおこる前の概ね15世紀前半位の山陰地方だが、若者は常に小さく馬鹿になっている、と嘆くのはシニアの役目である。

このように古今東西の映画でシニアは常に「若いがゆえに過ちを犯す」若者を先導する賢人・賢者として描かれてきた。こういう感覚が普通なので劇中でもそう描写されるのは自然だ。

乙事主に「小さくて馬鹿」と喝破された若者が、加齢すれば乙事主のような賢者になる、という望みがまるで見えないところがこの絶望的な台詞の背景にあるのだが、ともかく人生経験を積んだ老人は常に賢者である。

誇らしかった祖母の思い出

私の父方の祖父は、戦時中満州に渡って満鉄（南満州鉄道株式会社）で警備兵をやった軍属で敗戦とともに内地に帰還した。戦後は北海道夕張市で大工をやった。私が生まれた1982年に食道がんで死んだ。直接の死因は脳出血で70歳だった。だから彼と会ったことは無い。祖父があと15年生きていれば絶望的な満州からの逃避行を聞き出せたと思うので残念である。

他方、祖母の方は幼少時代に横浜で関東大震災を経験して、結果96歳近くまで生きゼロ年代に死んだ。祖母の両親（私からすれば曽祖父母）は大正時代の段階で経済的に破綻し、祖母はわずか4歳くらいで借金のカタとして横浜の商家に売られて丁稚奉公をしていた。祖母は関東大震災の時、5歳とか6歳だったのに商家の乳飲み子を背負って逃げたのである。地震の揺れと津波で壊滅した横浜の街を高台で眺めていた、という話を繰り返していた。

彼女は後年認知症が悪化して、私を私として認識できなくなっていた。私と従兄弟を頻繁に間違え、また瞬間的には正常な判断になったかと思うとまたもや混濁する。その繰り返しだった。

しかし彼女の頭脳がまだ明晰だった最後の時代、すなわち祖母80代後半のとき、私が聞いたのは、「理由が何であろうと、真珠湾攻撃は日本が先にやったことだ。真珠湾をやった日本が悪い。戦争は絶対にいけないと思う。戦争が良かったなどとはあり得ないことだ」と決然と言っていた。誇らしい祖母だった。老人は常に若者を掣肘《せいちゅう》する賢者である。私の中のシニア観とはこのようなものだった。

ヘイト、刑事事件の数々

しかし現在の日本では真逆の事態が起こっている。若者は極めて「保身的」であり消極的で他者への批判を禁忌する一方、ひたすらシニアが過激なヘイトに飛びつき刑事事件を起こし裁判所から多額の罰金を命じられたりしている。彼らは「リベラル」とか「反日」と目した団体を目の敵にし、24時間絶えずネットを通じて攻撃の意志を緩めない。その熱意は異常と言っても良く、数々の社会問題を起こしているが一向に沈静化の兆しは無い。人生経験を蓄積したはずの彼らから、まるで知性を感じない。私の中のシニア観とはかけ離れた存在が彼らなのである。

２０１４年、マイクロソフト社のＩＤを不正に入手したとして栃木県警に逮捕された男に関する報道内容に衝撃が走った。この男がＳＮＳ上で「戦争になったらどうするの？　ためらわず俺は朝鮮人は絶対に許せないから殺す」「朝鮮人は抹殺するべし！　そういう事をやってきた」などと差別的な投稿で一部界隈から人気を集めていた著名な極右ネット活動家である事が判明したからである。男の年齢は57歳（以下、全て逮捕当時年齢）、彼が現在生存しているとすると65歳である。

２０１７年には、愛知県の在日朝鮮人系信用組合「イオ信用組合大江支店」の店内に男が押し入り、灯油に浸した布に火を付け、灯油の入ったポリタンクとともにカウンター内に投げ込んで、外に停めていた車で逃げた。男はその後出頭し愛知県警に逮捕された。男は取り調べの中で「慰安婦問題について前から韓国に悪いイメージを持っていた」などと供述した。男の年齢は65歳。

２０１９年に愛知県で開催された芸術祭『あいちトリエンナーレ』内における『表現の不自由展・その後』で、昭和天皇の肖像を燃やす演出をした展示物や、韓国における従軍慰安婦像をモチーフにしたものが「不敬である」「反日的だ」としてネット上で大炎上し、それに便乗する形で同芸術祭の主催者に「要らねえだろ史実でもねえ人形展示。大至急撤去しろや。さもなくばガソリン携行缶を持って館へおじゃますんで」などとファクスで脅迫文を送った男が愛知県警に威力業務妨害容疑で逮捕された。男の年齢は59歳だった。

また同年には韓国について「属国根性の卑怯な民族。断交、無視が一番」「反日教育を受けているんだから、そもそも（日本へ）くる必要ない」などとSNSに投稿していた日本年金機構世田谷年金事務所所長の男についてその差別書き込みが大問題となり、後日同機構は男を所長から更迭したと発表した。男の年齢は55歳だった。

2021年には立憲民主党の石垣のりこ議員に「実家に車を突っ込ませるぞ」とSNS上で投稿した男が脅迫の疑いで宮城県警に逮捕された。男の年齢は51歳……等々。右傾化したシニアが、場合によっては社会的地位のある人々ですらも各地で問題を起こす事件が続発している。

シニア右翼に逆らえないメディア業界

たとえ事件に至らずとも、彼らのクレームは今やテレビ局を萎縮させ番組編成を改変させ、新聞社は彼らに忖度《そんたく》するそぶりを取らざるを得なくなり、イベント会社や主催者は「進歩的文化人」の起用を遠慮したり「警備上の理由」を盾にキャンセルしたり、大手のネットポータルサイトですらプレビュー数（総ページ閲覧数）に抗えず、彼らの声を完全に封殺するという強硬手段を取るまでには至っていない。

既存のメディアは番組の内容についてシニア右翼からの猛烈なメールや電話での抗議を受けると、根が保身で事なかれ主義にできているプロデューサー及び、更に上層部からの意向により最悪謝罪して撤回し、当該のコメンテーターを次回の改編で事実上クビにするか、謝罪はせずともゆっくりとフェードアウトさせるという究極の保身に走らざるを得なくなっている。

テレビ番組の構成は、ＢＰＯ（放送倫理・番組向上機構）や総務省に言われるまでもなく日々彼らシニア右翼の意向に沿うように作り替えられている。結果、視聴率は辛うじて維持されるのでますます彼らは微温的にシニア右翼の意に沿うような翼賛的で毒にも薬にもならない、シニア世代に追従《ついしょう》的で「都合のいい」ことを言うだけのコメンテーターを重宝して久しい。「言論の熱的死」が今あらゆる界隈で起こっている。この事実からは声の大きなシニア右翼が確実に世論の一部を形成しており、それが社会に大きな影響を与えていると評価せざるを得ない。

つまりシニアとは、若者による行きすぎた煽動を諫めかつ若者の興奮を中和させる中道的な存在であり常に俯瞰的で理性的である――、という我々の常識が通用しない世界になっている。この国では、右傾勢力から放たれるヘイトを真に受けたシニアこそが煽動の主役であり、また被煽動の主役でもある。

これは一体どういうことなのだろう。シニアはいつから理性のタガが外れてしまったのか。若者を教導するべきシニア像がいとも簡単に崩壊していく原因は何か。本書は彼らがどこからきて、なぜシニア右翼になったのかを記していく。端的に言ってその理由は、世代的な意味でのインターネットの接触歴からなるネットリテラシーの低さ、そして戦後民主主義の未成熟という二点に求められる。本書ではこの二点を主軸として、貴方の周りに存在する「かも知れない（――多分きっと存在する）」シニア右翼の全貌をひもといていく。

そしてなぜ私がシニア右翼の実相を事細かに講釈できるのかと言えば、私自身がかつて彼らと同じ釜の飯を長らく食っていた右翼の同志だったからである、という原体験が極めて大きい。次章ではその原点からまず書き進めていく。

第一章 右傾の内側――息を吐くように差別をするシニアたち

――委員会の老人たちの自決に際して。

ラナ「お爺さん！　まさかあの人たち……知っててなぜ止めないの!?」

ラオ博士「待ちなさい。あの人たちの望むようにしてあげなさい。私たちは古い世界からある役目をそれぞれが背負って生きながらえてきた。形こそ違え、残された人々を次の世代に橋渡しすることだ。いま人々は、新しい世界に出発していく。苦渋に満ちた日々は終わった。……安らかな心でその出発を見送りたいのだよ」

（『未来少年コナン』第25話「インダストリアの最期」宮崎駿監督、アレグサンダー・ケイ原作、１９７８年10月24日、日本放送協会放映）

若者の街・渋谷に出現した「大人の拠点」

ＪＲ渋谷駅東口を降りると目の前には高層商業ビル・ヒカリエがそびえたっている。地上34階、地下４階。高さ１８２・５メートル。延べ床面積、約４万３５６０坪。中層階が膨れるように突起するこの巨大ビルは、たちまち渋谷の新しいランドマークになった。

ヒカリエは２０１２年の開業当初から「若者の街に大人の拠点を創る」ことをコンセプトに強く謳った。当時のプレスを読むと、ファッションテナントの構成は「20代後半～40代の高感度の女性を意識」していると明示されている。高感度とはマーケット的には中堅所得者と訳してよい。

レストランフロアには有名店が並び、所謂「激安店」は無い。所得の少ない10代、20代前半をターゲットにすると、客単価が低すぎてテナント料がペイできないからだ。実際にはイベントスペースで高校生向けの催しが開かれているなどの例があるものの、ヒカリエのような大規模商業施設の採算を考えると、もはや若者は主要顧客として見られていない。若者の街・渋谷の「大人の拠点」への変貌は、消費の主力年齢層が上昇しているこの国の「高齢化」の象徴のようでもある。

ヒカリエを左手に見て「口の字」のような歩道橋を渡ると、渋谷の治安を守る渋谷警察署が鎮座している。ちょうど若者が闊歩する道玄坂と駅を挟んで真反対のこの地域に、彼らの姿は少なく、アフター6以降は中高年サラリーマン層の乾杯の勝どきが聞こえてくる。地名でいうと渋谷区三丁目。どこにでも在る勤め人向けの居酒屋や中華料理店が立ち並んでいる。テナントの入れ替わりはコロナ禍の影響もあって激しい。

渋谷署を抜けて細い路地に入る。カラスのざわつくゴミステーションを抜けると、片隅に低層のテナントビルがあり、小さな老舗出版社が看板を掲げている。その名前は青林堂。かつて前衛漫画雑誌『ガロ』の版元として、偉大な漫画家の作品を世に出した知る人ぞ知る会社である。

私はこの出版社に数年間通った。最初は保守業界の中堅論客Sの紹介で、編集助手となった。私はここで青林堂が刊行する保守雑誌『JAPANISM』の創刊（２０１１年）に関係した。様々な事情からSが離れると、外部からベテラン編集者Aが招聘《しょうへい》されたが、それも短期で終わって、だしぬけに私が『JAPANISM』の編集長になることになった。

私が29歳の時である。この時、ちょうど建設中のヒカリエはその威容の全体をあらわし、開業間近だった。編集長時代に私はこの版元から3冊の単著を出したが、これまた様々な方向性の違いで２０１３年までにこの会社との関係は終わった。私の青林堂への日参はヒカリエの建設と共にあり、そしてヒカリエの完成とともに終わった。

弁護士21名への大量懲戒請求事件

私が青林堂から去り2年近くたって、『余命三年時事日記』（以下、余命）という書籍がここから発売されて話題になった。書影にはでかでかと「余命三年を宣告されたブロガーが、韓国や在日、サヨクが知られたくない情報を暴露」とあり、他にも「外患誘致罪」の文字が躍る。

セールス文句の通りこの本は元々余命のブログを書籍化したものだった。簡単にいうとその内容は、嫌韓・反中・反メディア・親自民党（親第二次安倍政権）・太平洋戦争（彼らは大東亜戦争と呼ぶ）の肯定等を明確に押し出し、そこに陰謀論が色濃く混ざったもので、読者層は典型的ともいえるネット右翼が中心だった。余命によれば、初代の著者は志半ばで病死し、その遺志を別の人々が引き継いで執筆を行っているという。

余命三年というペンネームは、初代著者の疾病による余命宣告を示したものだ。青林堂は余命シリーズを２０１８年までに6冊刊行した。これ以外の版元からの刊行は無い。いずれも出版売り上げ的にはそこそこ成功しているように思われた。

２０１７年6月、この余命を巡って大事件が起きた。余命が自らのブログで東京弁護士会の佐々木亮氏と北周士氏、神奈川県弁護士会の嶋崎量氏らの弁護士を含む21名を名指しして、懲戒請求を大々的に呼びかけ始めたからである。所謂、大量懲戒請求事件の始まりであった。弁護士は公的な職能でもあるので、一般市民が「弁護士にふさわしくない」と見做せば、弁護士法に基づき懲戒請求を起こすことができる。

このシステムを利用して、余命の呼びかけに応じた実に13万筆の懲戒請求が弁護士会に殺到した。具体的には佐々木氏には３０００件、北・嶋崎氏にそれぞれ約９５０件という異常な請求があった。なぜこれらの弁護士は余命により懲戒請求されたのだろうか。実のところはっきりとした原因がある訳ではなかった。だが余命によれば、これらの弁護士は一様に「反日弁護士」「共産党系弁護士」「テロリスト」「在日コリアン弁護士協会の弁護士」等と名指しされていた。根拠は一切なく、懲戒請求の文言は余命がネット上に用意したＰＤＦ、すなわち懲戒請求のひな形に同じ文言をコピペして印刷したものを郵送した事例が圧倒的だった。

21名の弁護士の中には「朝鮮学校への補助金停止に反対する弁護士声明」に名を連ねていた人々が存在した。朝鮮学校は言わずもがな北朝鮮・朝鮮総連と関係が強く、日朝関係の悪化を慮《おもんぱか》って、2016年ごろから各自治体が補助金の打ち止め方針を明確化していた。とはいえ朝鮮学校は教育機関であり、どのような思想信条が働いていたとしても教育機関に対する補助の中止はしごく政治的と言わなければならない。

これに反対したために、余命は21名の弁護士に対して懲戒請求を呼びかけたのだが、そもそもその中には補助金停止に反対していない弁護士も含まれており、かなり適当に弁護士をリストアップしたものと思われる。結果、東京弁護士会・神奈川県弁護士会は殺到した懲戒請求について、「根拠不明」として無視した。だが、弁護士個人のツイッターアカウントや事務所などへはネット右翼からの執拗な攻撃が続き、彼らの業務はマヒ状態になった。

2018年11月、余命の一連の懲戒請求によって業務妨害を受け名誉を棄損されたなどとして、東京・神奈川弁護士会に所属する前述3名の弁護士が不当な懲戒請求を行った、特に悪質と思われる請求人を相手取り損害賠償請求を求める訴訟をおこした。佐々木、北弁護士は6名を提訴し、嶋崎弁護士も続いた。その後も続々と提訴がなされ、最終的に提訴された人々は500名以上に上る大訴訟事件となった。とりわけ注目したいのは佐々木弁護士の述懐である。訴訟の準備段階にあって同氏は、

「懲戒請求した人の年齢で、今分かってるのは、1番若くて43歳。40代後半から50代が

層が厚く、60代、70代もおられる」

と自身のツイッター上で被告人の素性を一部公開した（2018年5月18日）。余命の煽動に乗っかり、完全にそれを妄信して意味不明な呪詛に同調した人々は驚くべきことにインターネットに慣れ親しみ、それを駆使する若者ではなく、完全に中高年のシニア層だった。

佐々木弁護士らは本訴の前に、個別の請求人に対し2018年6月20日を期限に和解を提示した。まさか訴訟されるとは思わなかった数十名の請求人が和解に応じたとある。報道によれば、

「（2018年）6月20日までには和解にも応じる構えで、すでに『二桁』の人数から申し出が出ている。その多くは40代以上で、性別は男女混ざっている。リタイアした高齢者も少なくないという」（Buzz Feed News　2018年5月16日、括弧内筆者）

とあり、本訴に至らないまま和解した請求人の年齢もまたシニアだった。この民事訴訟はことごとく原告側の勝訴に終わり、被告側1名につき33万円の賠償が認められるなどの判決が続々と出た。2020年にはこの民事事件について被告6名敗訴の最高裁判決が初めて確定した。余命は全面敗訴を受けてか、2018年以降青林堂から続編を刊行していない。

謎の煽動者を支持したのは誰か？

余命自身は請求人ではなく煽動者だったので、裁判の中で余命の人となりを特定することはできなかった。余命に端を発した大量懲戒請求事件は原告勝訴となったが、肝心の中心人物である余命とは誰なのか。どこに住んでいるのか。本当に実在するのか。それらのことは青林堂幹部しか知りえない謎として残っている。若者の街・渋谷に突如として「大人の拠点」を持ち込み、渋谷の新しい顔になったヒカリエの残光に照らされる、渋谷三丁目の青林堂のみぞその素性を知るこの大事件は、今に至るまで奇妙な残照を放っている。

「在日、反日勢力との戦いが始まった」

余命によるブログのタイトルである。

「2015年から安倍政権の在日コリアンと共産党をはじめとする朝鮮人利権へメスが入り始めて、いわゆる在日特権が次々とあばかれ法による対策が進んでいる。安倍政権の狙いは『不法滞在在日コリアンと反日勢力の一括駆逐』によって『日本を取り戻す』ことである。余命はそのお手伝いとして露払いを担当してきたが、その手法は安倍政権と同じく犠牲を最小限にするための法による清算であった。敗戦直後の混乱からようやく国力を回復していくなかで、米国の方針とともに弱者の知恵をフルに発揮した中国と

朝鮮民族による日本人を貶め乗っ取りを謀る作戦は99％成功を収め、李明博にいたって
は日本征服完了宣言を出すなど極限を迎えていた」

記事の内容を一部そのまま引用したものである。余命のブログはこれに類する記事が数百・数千と投稿されている。ハッキリ言ってこの内容に同調し、特定の弁護士に郵便を使って告発する行為は異常だ。朝鮮人利権も在日特権も存在しえない陰謀論である。都市伝説としてもレベルが低すぎる。「日本人を貶め乗っ取りを謀る作戦」については、意味が分からなすぎて苦笑すら起きえない。

こういった文章を自明のごとく受け取ってしまう人々は、所謂ネット右翼である事は論をまたない。その実態とは、これだけの支離滅裂の内容を真に受ける人々なのだから「まともな教育を受けていない層」と錯覚されてきた。冒頭プロローグに記した通りの予想がなされたのだ。所謂「ネット右翼＝社会的底辺説」である。また、それが故に人生経験に乏しく、一方ネットの活用にだけは習熟している若年層という認識が定着してきた。

ネット右翼の定義や実態については次章で詳述するが、社会的単語として認知された契機は、２００２年の日韓ワールドカップ共催大会におけるネット上での異様なまでの嫌韓気運だった。それには必ず広告代理店やマスメディアへの怨嗟が付随していた。この時、ネット

右翼という単語は確かに頻出したが民事事件にも刑事事件にもなっていなかったので、彼らの年齢層という意味での実態は「ただ何となく若そうな底辺層」であると想像するしかなかった。あれから15年、20年たって分かったことは、ネット右翼の想定年齢が当時からして若者なのではなく、現在に於いてもシニアだったという事実である。シニア右翼である。

私はシニア右翼を「参与観察」してきた

根拠のない馬鹿げた支離滅裂なネットのヘイト的陰謀論を額面通り信じる人々は、人生経験が浅く知識量も少ない。ということは彼らはこの両属性を兼ねる若者に違いない——。こういった言説が、一時期ネット右翼の実態を大きく、かつ決定的に見誤らせた。私はしかし彼らの実態はまるで真逆のシニア層であることを、恐らくこの国において初めて体系的に著書として残してきた第一人者である。

具体的には『ネット右翼の逆襲』（2013年・総和社）、『若者は本当に右傾化しているのか』（14年・アスペクト）、『ネット右翼の終わり』（15年・晶文社）の3冊と、エンタメ的に描いた長編小説『愛国商売』（19年・小学館文庫、初出『愛国奴』18年・駒草出版）ほか、各種メディアの記事、インタビュー多数である。皮肉なことに1冊目の『ネット右翼の逆襲』については、ネット右翼が「彼らは思慮分別のない、人生経験の浅い若者などではない」ことを強く指摘することによって、逆説的に彼らがシニアである事実を補強する内容になっている。

若者はインターネットを合理的に駆使し、一方で知識と経験が浅いためにそういったヘイト的陰謀論に染まってしまう――、という従来の説に私はことごとく反証してきた。ネット右翼とはイコール・シニア右翼であると何百回も指摘してきた。この事実は、前掲した大量懲戒請求事件によって不幸なことに補強された。またシニア右翼の跋扈《ばっこ》によって、彼らが民・刑事事件の被告となり、敗訴したり有罪判決を受けたりした事例が続出したことにより、このような反論はいよいよ優勢となっている。

シニア右翼はなぜ誕生したのか。なぜシニアは右翼になるのか。そのことを解説する前に、なぜ私が彼らをシニアだと断言することができるかの説明を更にしなければならない。よってこの第一章では私と彼らの「邂逅」の小史を述懐することによって、原体験に基づいたシニア右翼の実態を探る。これを記することこそ本書の説得性、合理的蓋然性が飛躍的に増すものであると私が確信するからである。勿論、この部分について、前掲した拙著等によって既知の読者は、第一章と定義論を展開する第二章を飛ばして第三章から読んでも齟齬《そご》が無いように構成してあるから安心していただきたい。

作家で元外交官の佐藤優氏は、拙著『愛国商売』の解説で、私によるシニア右翼のエンタメ化を優秀な「参与観察」であると評された。参与観察とは、「調査者が被調査者集団の内部で長期にわたって生活し、その実態を多角的に観察する方法」（コトバンク）とある。実のところ私は当初シニア右翼を被調査集団とみなしていたわけでもなく、自らが調査者である自覚すらなかった。それどころか私は年齢こそ違えど彼らと一体となってずっと活動していた。

だから私はシニア右翼である彼らの心情を誰よりもわかるし、そして彼らの持つ欲求、喜び、そして哀しみや不満、不遇を自らの事として考えることができる。シニア右翼は私自身の一部であり、私の分身であり私の違った未来の姿でもあった。これだけ彼らと一体になって生きていた私だからこそシニア右翼を語る資格があるのではないかと思う。

なぜ日の丸をペイントして君が代を歌ったのか

私が大学に入ったのが２００１年である。ちょうど9・11で世界が激動した時代だった。私は落第生だったので学部を7年も留年したが、私の同級生は4年で単位を取って２００５年に就職することになった。その状況はというと明らかに現在よりは厳しいであろう。

更に私よりもう少し上の1980年・79年生まれは、2002年前後に就職したので一般に氷河期時代とか超氷河期時代とか呼ばれた。それに比べればより若い青年層は、「まずまず」現況に満足が行く程度の環境であったので野党に投票するという政治行動が抑止された。それがために現状維持で以て自民党に入れたにすぎず、そして結論を言えば若年層の投票率が前掲の通り低すぎて、僅かに投票所に行った若年層の投票行動を以て、「若年層は自民党を支持している」とは言えない。ましてそれは政治的右傾化を意味していない。

一方2002年の日韓ワールドカップ共催大会の際、W杯をバーや居酒屋で観戦する若者が躊躇なく頬などに日の丸のペインティングなどをして君が代を斉唱することから、この現象を「ぷちナショナリズム症候群」（香山リカ氏）と観るきらいもあった。

しかし同じくこの時大学2年生だった私の周辺の級友も、日本代表のブルーのチームカラーで〝仮装〟し、京都の河原町や大阪の道頓堀に続々と集結し、やはり日の丸をペインティングしていた。では彼らは所謂政治的右派だったのかといえば全く違っている。

彼らは雑誌『正論』や『諸君！』や『WiLL』を読んでいたのか。『産経新聞』の熱心な購読者であったか。全く違っている。むしろといおうか、彼らはそもそも『正論』という雑誌の存在すら知らなかった者が圧倒的多数である。

就活の時には時事対策として『産経新聞』ではなく『朝日新聞』か『毎日新聞』を読んだ。近畿圏は『産経新聞』の伝統的地盤（『産経』の前身は大阪に本社を持つ『日本工業新聞』）であるにもかかわらず、彼らは図書館や学生センターにあった『産経』を除外した。これは同紙が当時でも（あるいは現在でも）、保守的イデオロギーを前面に出していたために、政治的偏向がマイナスになる就職活動にはあまり役立たないと考えていたからである。要するに彼らは基本的に強い戦後民主主義的価値観を護持していたのである。

ではなぜ彼らは日の丸をペイントして君が代を歌ったのかというと、すでに彼ら（我々はといってもよい）の中に、日の丸や君が代へのアレルギーが無くなっていたからにすぎない。日の丸や君が代の肯定や否定は常に政治的文脈の中で語られる。この中で肯定は右派であり、否定は進歩派・リベラルとされるきらいがある。

しかしすでにこの時代、我々の世代には、国旗や国歌を政治的文脈で見るという価値観自体がほぼ風化していた。それを「薄《う》っすらとしたナショナリズム」と強引に捉えて解釈することもできるが、日の丸・君が代を「軍国主義」「アジア侵略」「天皇制賛美」と結びつけるアレルギーが存在せず、星条旗やユニオンジャックや太極旗と同列に単なる国旗・国歌としか認識しなくなった世代というだけで、やはり熱心な政治的右派にはつながらない。

当時、『ぷちナショナリズム症候群』(中公新書ラクレ、2002年)で描かれた若者はまさしく私と同世代の人々であった。日韓W杯から20年がたって、彼らはアラフォー(35〜44歳)になったが、依然として右傾化と政治的右派の主力は彼らではなく、それよりもっと上の年代、つまりシニアである。

架空戦記モノと『戦争論』からの影響

2010年、27歳だった私は所謂「保守論壇」に入った。直接のきっかけは、当時保守系言論人としてすでに界隈では有名人であったHの紹介で、右派系のCS放送局日本文化チャンネル桜(現在はCS事業から撤退している、以下、チャンネル桜)の番組に出演したことである。

私は小学生の時から所謂「自虐史観」に疑問を持ち、憲法9条改正を支持していた。架空戦記モノと『歴史群像』の熱心な購読者であった。我々の世代は小林よしのり氏の漫画『戦争論』の洗礼をもろに受けたと言われる。同書は1998年に幻冬舎から出版されるや、約100万部に迫る大ベストセラーになった。当時高校2年生だった私はむさぼるように読んだが、しかし私の政治的右傾の原点は小林氏ではなくそれ以前、つまり90年代に一世を風靡した架空戦記モノ、具体的には檜山良昭氏の『大逆転！』シリーズであった。

簡単にこの内容を述べると、ミッドウェー海戦で日本が勝っていたらとか、ニューギニアのポートモレスビーでマッカーサーを爆殺するとか、日本軍がハワイを占領した勢いで以てアメリカ西海岸に上陸するだのといった内容である。当然こんなものばかり読んでいると、太平洋戦争を「大東亜戦争」と呼ぶようになり、アジアへの侵略を「欧米の植民地であった東亜を解放する戦争」とする史観に傾いていく。

とは言えこのような架空戦記モノや『戦争論』を読んでいたのは、我々同世代の中ではやはりマイノリティであった。私の世代（35〜39歳）の男女総人口は、国勢調査に基づけば約730万人（2022年現在）である。『戦争論』読者のすべてが我々の世代に吸収されたとは到底考えられない。そもそも『戦争論』は当時、保守系雑誌『SAPIO』（現在は不定期刊行）の連載「ゴーマニズム宣言」で展開されており、同誌の主力購買層は当時からして40・50代以上である。

仮に『戦争論』読者の50%が我々の世代だったと相当高めに仮定しても、その50万人は730万人に対して約7%にすぎない（実際のところは1%程度だろう）。いずれにせよ極端に高めの推計でも93%近くは『戦争論』を読んでいないのである。やはりマイノリティだ。

私は『戦争論』に影響されたことは事実だが、その後大学に入って日本史を専攻すると『戦争論』の内容が屈折していると思い至るようになり、史学的な価値が低いと評価を改めた。とは言え私のこうした来歴からして2010年、保守論壇に入った私が依然として政治的右派にカテゴライズされるのは間違いない。

保守論壇は「老人ホーム」

私が保守論壇に入って衝撃を受けたのは、彼らの世界観が異様なほど嫌韓や反中に偏っていたりとか、そもそも「正史」をおろそかにしているとか、原稿を書くときにファクトを最低限度セルフチェックしないどころか、韓国に一度も行ったことがないのに「韓国経済は崩壊する」という本を書いて大ヒットを出している保守系言論人が存在するということ以上に、この界隈の年齢層の高さであった。

私は漠然と保守界隈や保守論壇というのは、三島由紀夫の「楯の会」みたいな雰囲気のところだと思っていた。その思想の正当性はともかく、血気盛んな青年層が国体や国防や時局について、酒とたばこを嗜《たしな》みながら侃々諤々《かんかんがくがく》の議論を交わしている——、そんな雰囲気だと思っていた。

私の中の政治的右翼のイメージというのは、この時勝手に何の根拠もなく、「燃え盛る青年の、かつマイノリティにはせよ滾《たぎ》る愛国心を持った青年たちの居場所」だと思っていた。ところが現実の保守界隈は、一言でいえば老人ホームだった。

保守系言論人は完全に硬直化した階級ピラミッドを形成し、70・80代を超えた大学の名誉教授などを頂点として、60代以上が概ね第一線、50代で第二線、そのあとに40代が「気鋭」「若手」として続き、30代はまずほとんど居らず、居ても30代前半ではなく後半であってその役割は後方部隊で、20代はほぼ絶無だった。

では受け手、彼ら保守系言論人の言説を受け取る視聴者や読者層というのはどうかというと、全く同じ構図かさらに高齢化が進んでおり、50代で「若手」という感じで、ほとんどが定年で会社をリタイアしたり、自営業者であってもその経営の一線からは退いて事業を部下に任せ、自身は経営を総攬《そうらん》するだけで暇と時間をもてあそぶ60代以上の高齢者の集積体であった。まさにシニア右翼の世界がそこにあったのである。

若さが希少価値に

話を私が保守論壇に入った２０１０年に戻そう。私がこの論壇に「入会」できたのは、直接的には保守系言論人Hの紹介であったことはすでに述べた。このHは当時50代で、保守論壇では第二線を形成する中堅～中堅上位格にあたる。このような保守論壇における階級ピラミッドの比較的上層の「推薦状」があったからこそ、私は保守論壇に入っていくことができた。

しかしそれ以上に、私が2010年に保守論壇に入ることができた要因の最も重要なことは私の年齢であった。政治的右派とされるオピニオンの発信側も、また受け手も、著しく高齢化していたために当時27歳という私の年齢がまず第一に相当希少であった。地方議会選挙のポスターで特に目立った政策の羅列もなく、ただ「若さで勝負！」みたいなことを前面に売りにしている新人がひょっこり当選するのと同じような感覚である。

とはいえすでに述べた通り、小学生時代から政治的右傾の土壌があった私は政治的右派が好むような言説を一通り勉強していたし、『諸君！』と『SAPIO』を定期購読していたので、まずひと通り淀みなく話すことができた。一方で、私は社会主義に対する知見も薄いがあった。『資本論』の完全な読解は当時難しかったが、レオ・ヒューバーマンの『社会主義入門』を高校の時に読んでいた。ヒューバーマンはアメリカの社会主義者で、同書の和訳が上下巻として岩波新書から出ていたので広く読まれている。加えて大学に入ると、『空想から科学へ』『国家と革命』『共産党宣言』『毛沢東語録』ぐらいは教養として押さえていた。政治的右派でもこういうものは社会科学の基礎、ABCだと思って20代前半には一応総攬していたからである。だから彼ら保守論壇にとっては「敵」となる進歩派の言説も押さえている、要するに汎用性があるということで保守論壇で歓迎されるに至った。これに加えて27歳という希少性が瞬く間に保守論壇をして私に合格点を与えさせたのである。

私は保守界隈を老人ホームと形容したが、そのことが即座に判明したのではない。私のデビューはHの推薦状によるCS放送局・チャンネル桜での出演と書いたが、当然これはCS番組の出演者という立ち位置であり、視聴者の人となりがわかるわけではない。当時このチャンネル桜は、CS放送の時間帯で放送した自社番組を早ければ翌日、遅くとも3日の間隔を置いて自社のYouTubeアカウントで無料公開する手法を取っていた（正確にいえば、このチャンネル桜の放送自体が、通販チャンネルの時間帯の買取で行われるものであったが、詳しくなりすぎるので省く）。

私が初めてこのチャンネル桜の番組にデビューした動画は、現在は削除されてみることができないが、瞬く間に7万回近い再生回数となった。7万再生といえば、現在ではそう大した数字ではないと思うかもしれない。しかし2010年当時まだユーチューバーなどがあまり居ない時代だったので、当時としては単体の動画で即座に7万回というのはかなり優秀だった。

この日を境に20代後半の私の人生は一気に新しい局面を迎えた。それまでたんなるアニメブロガーに過ぎず（併せてアニメ評論もどきのネットラジオをやっていたのだったが）、ツイッターのフォロワーが約３５００人というところが、たちまち８０００人になり、すぐに1万人を超えた。現在でもそうだが、ただの一般人が1万人のフォロワーを獲得するのは難しいことだ。すなわち私はその界隈で、極めて短期間にプチ有名人となり、そしてその源泉はなにより私の若さという希少性にあった。

「民主党政権打倒！」と叫ぶ老人たち

当時このチャンネル桜は放送事業を行う傍ら政治団体Aを保有していた。この政治団体Aとチャンネル桜は法律上も会計上も全く別の団体ということであったが、その実態とはこの両者は完全に一体であった。

私のツイッターのフォロワー数が1万人を超えて、初回放送の反響によりその後も同局に頻繁にゲスト出演していたある日、渋谷を歩いていたらTさんという人に「古谷君じゃないか」と呼び止められた。このとき私は凄く腹が減っていて、道玄坂の郵便局の対面にある蕎麦屋に向かって、ゆるやかな傾斜を登坂している途中だった。Tさんは当時40代後半。IT会社のシステムエンジニアでかつ熱心なチャンネル桜の視聴者だったのだ。ここでTさんと偶然鉢合わせになり、呼び止められたのが私の不運とも言えたし幸運とも言えた。

急遽蕎麦屋へ行くのを中止して、些か強引な、そして体格も大柄なTさんにいわれるがまま私は渋谷のスクランブル交差点で政治団体Aが開いていた政治集会に登壇者として参加することになった。政治集会というか右翼の集会なのだが、その時のテーマは「民主党反日売国政権打倒!」みたいな集会であった。

ときに2009年、麻生太郎率いる自民党が衆議院選挙で歴史的敗北を喫して下野し、鳩山由紀夫率いる民主党が圧倒的な勝利を以て政権を奪取した所謂「3年3か月の民主党政権時代」の初期であった。この時になって初めて、この政治団体A=チャンネル桜の視聴者、の人となりを目撃することになった。民主党批判は言論の自由としても、街宣車にでかでかと「反日売国政権打倒!」などと「ヤバめ」な言葉が書かれていたので渋谷を行きかう人々のほとんどはこの集会を無視していたが、街宣車の周りはこの集会を支持する熱心な政治的右派の人々が取り巻いていた。人数としては80~100人というところだが私は一目見て、皆、何でこんなに年寄りばっかりなのだろうと思った。

男女比としては7：3くらいで男性が多かったが、どれもこれも明らかに定年の年齢を大幅に超えた老人たちが、演説に呼応して「民主党政権打倒！」と叫んでいる。老人の中には、「鳩山由紀夫が如何に売国奴で、中国や韓国に国を売っているか」というアジビラを通行人に配っている人もいた。誰もそんな極論をでかでかと印刷したビラを受け取らなかった。老人たちの「民主党政権打倒！」という威勢の良い声はとぎれとぎれの声音にすぎなかった。

さてこのTさんのせいで私は爾来《じらい》、政治団体Aへの参加とチャンネル桜への出演が同時並行して行われるのが既定路線となった。この流れで私は、数えきれない数千人あるいは万単位の政治的右派の人々と交流を持つようになった。そして彼らの年齢は間違いなくシニアと呼べるものであった。この傾向は私が保守界隈と永別してから現在でも少しもどころか全く変わっていない。

私がチャンネル桜の出演と同時に参加した政治団体Aの右翼集会やその周辺で行われたイベント等への参加経験は、もう数えられないくらいでいちいち覚えていないが、小規模なものを含めればゆうに三桁はあるであろう。

この中で私は、東京にあっては日比谷公会堂や憲政記念館で行われた集会で常連登壇者として演説し空疎な国防・愛国論をぶちつつ、同時にそこに来賓として登壇した安倍晋三議員（すでに一議員、元総理の立場であった）が数年後に石破茂氏との総裁選決選投票を制して、総理として返り咲く未来、あるいは2022年に銃撃されて死去する運命になろうなどとは想像もしなかったし、同じく同様の集会に来賓として演説した小池百合子議員が「核武装の議論を」的な発言をしつつ、その後に都知事になるとも全く思わなかったし、あるいはフジテレビを韓国におもねった偏向報道局であるとしたお台場の大規模右派集会にも参加したが、そののち私はしれっとフジテレビに何度か出演することになり、「いやー、古谷さん。昔ウチ（フジテレビに反対するデモ）に来てましたねえ（笑）」などと局のディレクターから楽屋で言われることになるのだった。いやはや人生とは、何が起こるか分からないものである。

東日本大震災と原発賛成・護持

2010年の6月に民主党政権内で鳩山由紀夫から菅直人に首班が交代し、翌2011年の3月11日、あの忌まわしい東日本大震災が起こった。このころの私はどうであったのかというと、前掲のチャンネル桜で週一のレギュラー番組を獲得してすっかり常連、レギュラーメンバーの一人となっていた。その都度のゲスト出演ならばともかく20代の出演者がレギュラーを持ったのは同局の歴史において初めてである。

3・11は保守界隈に奇妙な反応をもたらした。激震と津波により福島第一原発の電源が全部喪失し、原子炉が冷却できなくなるという未曽有の危機が一服してくると、保守界隈は口をそろえて原発護持を一斉に叫びだした。福島原発事故の危機的状況が、即東日本壊滅とはならないようだと判明した2011年5月ごろから、保守界隈は沸き上がる原発反対・原発廃炉の世論の声を黙殺してまた「民主党政権打倒！」を叫ぶ通常運転に戻った。あれだけの国家的な原子力災害を経験したのに、原発政策に対しては金科玉条のごとく賛成・護持を貫いて、何の反省も無かった。

3・11から半年以上が経過した2011年冬、私はH君という熱心な視聴者に出会った。H君は視聴者として一方的に私を知っているという邂逅だった。どこの世界でも、どの業界でも例外がある。保守界隈はシニア右翼の老人ホームであると何度も書いてきたが、この界隈にも例外がありごくごく僅かに、若者という人々が熱心な視聴者として存在した。H君は北陸地方の出身で、東京の準有名私大を卒業して、当時は東京都内でバイク屋を営む自営業者だった。当時私は28歳でH君は3歳くらい年上だったから31歳ぐらいだった。厳密には30

を過ぎているので若者とは言えないが、この業界ではアラサーすら貴重なので完全な若者と言えた。

H君は勝手に私に親近感を持ち、「愛国の同志」として様々な右派集会を紹介してくれた。彼は櫻井よしこの主宰する国家基本問題研究所の青年部の人だった。国家基本問題研究所は通称、略して「国基研」と呼ばれ、保守界隈で厳然たる影響力を保持していた。当然だが櫻井よしこが保守界隈の中で抜群の知名度を持ち、様々なメディアに露出する有名人だったからだ。この青年部に来ないか来ないかとH君から再三再四督促があった。

2011年の暮、H君の催促で私は国基研の集会に行った。まずは様子を見てみようということだった。会場は都内の有名ホテルで、櫻井よしこと田久保忠衛の基調講演で満席だったが、その聴衆は頭髪が後退した老人ばかりだった。眩しいと瞬間私は思った。ホテルの天井からぶら下がっているステンドグラスのシャンデリアが、彼らの頭皮に反射するからそう思ったのだ。

国基研は、政治団体A＝チャンネル桜とは、2022年の現在に至るまで距離を置いている。保守界隈には暗黙のアンシャン・レジームがあり、先行的に保守活動をしていたものが一段上で、後発、特にネットでその勢いを増長させている勢力に対しては、既存の保守勢力は露骨に嫌悪こそしないものの一等見下していた。具体的にはフジサンケイグループの中にあって、創業者である鹿内信隆の肝煎りで刊行された雑誌『正論』と産経新聞社がその頂点に君臨する。戦後日本の保守論壇の中核をなしてきたのはこの『正論』と産経新聞社であることは論をまたない。

これを人によっては「正論路線」とか、「サンケイ・正論路線」等と呼ぶ。政治団体A＝チャンネル桜は、これらフジサンケイグループに属する様々な人々からの個人的な感情による人的支援を受けてはいたものの、やはり総体としては1973年に創刊された伝統ある『正論』よりは一段格下と思われていた。

こうして私はH君の招きで初めて、政治団体A＝チャンネル桜以外の保守界隈の大規模イベントに参加することになった。雑誌『正論』といえば、一応大学図書館等にも常備されている定期刊行物だが、発行部数は書くまでもなく大勢力ではない。まず保守界隈の中での「斜陽的ブランド」といったところだろうか。この集会は『正論』の読者がほとんどで、日本の政治的右派の伝統的中核を担う人たちであった。彼らは全部シニアだった。

櫻井と田久保の基調講演は、「東アジア情勢の危機にあっての日米同盟の深化」というものので、伝統的な戦後保守の「親米反共」的なものに終始し内容は目新しいものではなかった。

丁度この前年、尖閣諸島中国漁船衝突事件が起こった時代であった。

櫻井と田久保の基調講演が終わると同じホテルの会場の別フロアで食事会（二次会）ということになった。いわば芸能人や演歌歌手がよくやる「ディナーショー」である。1人2万円（税込か税別なのかは忘れた）というので、そんな値付けで誰も来ないと思ったが受付前に老人たちが大挙して列をなしている。すでに目算で50人は居る。傍らで人員整理に腐心していたH君がいう。「どうだい国基研は。いいだろう。古谷君も青年部に入りなよ」。私は言葉を濁した。何と返答したかは正確に覚えていないが、ネガティブなニュアンスがH君にも伝わるような言い方をしたことは事実だった。

よって二度目の勧誘は無く、当然青年部への私の入会の件は自然消滅になった。とはいえそれで私とH君の交友が消えたわけでは全然なかった。そして青年部と言っても、後からわかったことだが8人しかおらず、その主力は40代だった。驚くべきことに、H君は櫻井よしこの著作を山のように自室の床に積んでいたのだが、私が「初読としてどれがお勧めなのか」と聞くと、「これから読む（ので分からない）」と答えた。国基研の青年部の一員として活動しているのに、国基研の理事長である櫻井の本を一冊も読んだことが無いのだった。

若者向け番組へのリニューアル失敗

２０１２年は私の物書き人生にとって一つの転機であった。同1月に私の初めての単著が都内の小出版社青林堂から発売されたのである。これはデビュー作としてはまず成功の部類で重版した。私は結局この出版社から２０１２年11月に至るまで3冊の単著を出すことになって、またかつ翌２０１３年には青林堂が定期刊行する右翼雑誌の編集長なども務めた（前掲）のだが、その詳細は面白くもなんともないので省略する。

この間、チャンネル桜出演とその傘下である政治団体Ａへの参加頻度はますます激増した。まずチャンネル桜のレギュラーの方だが、２次の改変を経て数年間継続し、すっかり同局の目玉番組のひとつというところになっていた。３・11直後、それまで私と共演していた右翼活動家のＡ女史が降板したことが理由で最初の改変がやってきた。

Ａ女史は私より1歳年下で韓国が嫌い、中国が嫌い、『朝日新聞』が嫌い、民主党政権が嫌いという典型的なネット右翼のロイヤルストレートフラッシュを完備していたが、基本的な社会科学や歴史の知識が欠落していた以前に国語力が無かった。どのように無かったのかを簡略に記すと、「慎重」という漢字が読めなかった。数少ない貴重品のような同世代の知識水準が落盤事故レベルのありさまなのである。

これではダメだという私の堪忍袋の緒が切れる形で、番組は私を中心とした数名のコメンテーターを迎えたひな壇型の番組になった。当時私は30歳になろうかというところでチャンネル桜としてはこの1次改変を奇貨として「完全に若者向けの番組にリニューアルすることにより、若い視聴者を獲得したい」という趣旨を前面に押し出すようになった。チャンネル桜も自局の視聴者がシニアばかりなので視聴者年齢層を下方に拡大したいという強い必要性を自覚していたのであった。

しかしながら、揃えられた数名のコメンテーターは皆私より年上で、相対的に若いとはいえアラフォーか45歳とかの人たちだった。若者を集めようにも若者がいない業界なのだ。それどころか、またぞろ彼らは基本的な社会科学の知識が全くなく、「日本が好きです、日本を愛しています」「靖国神社が大好きです」と連呼するだけで何ら具体的なコメントができる者は絶無だった。

その知識源は必ずと言ってよいほどネット動画番組で仕入れた虫食い状のもので到底お話にならない素人だった。韓国に行った事がないにもかかわらず皆韓国人を憎悪していた。韓国政府を批判するというのは良いが、彼らは政府と国民を分別することができず、韓国人そのものをネット動画から仕入れた差別的なデマ情報に基づいて一方的に憎悪していた。在日コリアンに一度も会ったことがないのに、彼らには特権があると言ってきかなかった。どのような特権があるのか具体的には知らないが、ＮＨＫやテレビ・広告代理店・新聞社は在日に支配されていると思い込んでいた。

そして彼らは判で押したように日本統治時代以降の韓国の近現代史に対して無知で、朴正熙が日本の陸軍士官学校卒という事実も知らず、靖国に朝鮮出身兵士が祀られている事実も知らず、韓国国内の政治状況に関する基礎も全く無知だった。

たまさか親日国という言葉を、彼らは少ない知識で一生懸命語った。例えば日本とトルコの親善関係というのを「エルトゥールル号事件」のネット動画でのみ知りトルコを韓国に対比させて絶賛する。ただ「トルコは親日国！　親日国！」と連呼するだけで私は心底幻滅した。当然トルコに行った事のある人間は一人もいなかったどころか、現代のトルコが王国だと思っており共和制である事すら知らないのだ。誰もが学部1年生レベルの教養も持っていなかった。本は買うだけで中身を全く読まない人たちであった。情報源は全部ネット動画だった。

しかもこれに留まらず、コメンテーター同士が些細な出来事で反目し、ＡがＢを「在日朝鮮人だ」と陰で揶揄するという紛争まで勃発して私はそのレベルの低さと差別性にとうとう全部嫌になってしまった。更には在特会（在日特権を許さない市民の会）を支持する姿勢を公言し「先日会員になりましたが何か」と開き直る者もあらわれる始末だった。当然のことだがこんな程度の低い素人の寄せ集め番組では〝視聴者年齢層を下方に拡大〟することなど不可能になり、「勘弁してください。私はもうやっていられません」と局側に最後通牒を出したことが決定打となり2次改変を迎えたのである。

2次改変以降からは「若者を取り込む」という目論みを放棄して、ゲストには既存のシニア言論人を招いての鼎談という形になった。今考えると、仮にそのような1次改変後の番組内での騒動がなかったとしても、そもそも若者を右傾的オピニオンに取り込むという試み自体が無謀であった。なぜなら政治的右傾を声高に主張する番組視聴者の主力はやはりシニア以外に居なかったからである。

安倍人気の遠因

2次改変以降の番組は概ね落ち着いた構成になったが、この間私は保守系ライターとして全盛を迎えた。当時右傾雑誌の主力として最も部数を誇ったのは『WiLL（のちに『Hanada』に分裂）』であったが、ここへの寄稿を筆頭に（後に連載を持つまでに至る）、『歴史通』（現在刊行なし）『Voice』『正論』『別冊正論』『撃論ムック』（現在休刊）、『SAPIO』（不定期刊行）など、考えられるあらゆる右傾・保守雑誌の全部に複数の記名原稿を書いた。

ただし彼らの名誉のために言っておくが、この中にある『SAPIO』で私は中道保守の立場から後年連載をさせていただいた（連載タイトルは〝熱狂を歩く〟であった）。後期の『SAPIO』をこの序列に入れるのはいささか申し訳ないが、一応保守雑誌という分類だろうから入れておく。さてこのころになると私は準大手や大手出版社からも単著を出すに至り、累積単著数は8冊を数えるに至った。30代初頭には、「気鋭の若手保守系言論人」と目されるようになっていた。

このような中で、私はチャンネル桜の傘下である政治団体Aへの右翼集会へ登壇する日々が続いていた。２０１２年当時の政治状況を概観すれば、民主党政権は①リーマン・ショックによる経済縮小への対応、②震災・原発事故対応、③外交・安全保障状況への対応、の主に3点で世論からの激しい批判にさらされ、特にリーマン・ショックへの対応について実際にそれは自民党政権末期の麻生政権での出来事であったが、そこからの回復について強いリーダーシップを果たせないのではないかとみなされていた。

今考えると、２０１２年は右派界隈にとって黄金時代であった。とりわけ安倍晋三が総裁に選出された同年9月、つまり総裁選の動きが始まる同春頃から、同12月の総選挙で安倍自民が政権に復帰するまでが興奮と狂騒のただなかであった。第一次安倍政権において安倍は小泉内閣の官房長官として北朝鮮拉致事件で強硬姿勢を取った経験と、小泉訪朝団に同行して強い姿勢を崩さなかったことから右派の喝采を浴びつつ、その若さと出自（清和会のプリンス――岸信介、安倍晋太郎の系譜）から事実上小泉から禅譲される格好となって第一次内閣を組閣した。

第一次安倍は教育改革（日教組への抑制）と憲法9条改正をとりわけ前面に出し右傾的姿勢を強調したが、小泉政権後期の郵政選挙（2005年）で「抵抗勢力」と位置づけられ自民党から離党した議員を来る参議院選挙（2007年7月）の改選議席保持の為に続々と復党させた。この時、参院選の見込みはどの調査機関でも自民党が厳しいと出ており、議席減を少しでも抑えようとする苦肉の策だったが完全に裏目に出た。

この安倍の郵政選挙離党組の復党により、「小泉改革を後退させた」と評価され、結局参議院選で予想以上に自民党は惨敗（27議席減）して、第一次安倍は引責の形で1年の短命で終わった。しかしこの時第一次安倍が打ち出したタカ派前面の姿勢は、右派の溜飲を大いに下げる格好となってその後に続く根強い安倍人気の遠因になった。

安倍待望論の主力は誰だったのか？

実は右派が安倍の再登板を期待した最も大きな理由は、アベノミクスに接続する量的緩和というよりは、総裁選挙期間中に打ち出した安倍の強力な政治的右傾の姿勢であった。安倍は「尖閣諸島に公務員を常駐させる」「(島根県が主催している)竹島の日式典を政府主催で開催する」「憲法9条の改正」を前面に掲げ総裁選の前から熱心に右派に訴求する大攻勢をとった。実際には皮肉なことにこの時の安倍の発言は、2020年に第二次安倍政権が終了するまで、というか現在に至るまで一切実現していない。

右派は経済政策にあまり関心がない。なぜなら彼らの構成主力であるシニアは、経済的に余裕のある中高年の自営業者や、すでに相応の貯金額を有し住宅ローンも完済し、自らの子息も社会人となって教育費の心配というものもない、という経済的に中産上位から富裕層である。そのために、リーマン・ショックの後遺症を受けていた当時であってすら、世論の愁眉《しゅうび》であった経済対策とは別の政治的右派のイシューにこそ彼らは注目していたからである。

この界隈では基本的に貧困や格差の問題は大きく取り上げられない。逆に生活保護を不正受給している母子家庭や外国人は税金にただ乗りしてけしからんと、問題を別次元にすり替える傾向が極めて強い。彼らの中では貧困が実感できないために、解決すべき社会問題であるという観念自体がないのである。よって安倍が総裁選で掲げた政治的右傾課題の実現は、安倍自民が民主党を打ち破って与党になることによってのみ達成されるとしてこれを熱望した。

この時には総裁選の本命とされた石破は、安倍の再登板を妨害する「敵」と右派にみなされた。石破は保守本流出身で集団的自衛権の行使も現行憲法で合憲という立場であり、対米従属によらない自衛力増強を持論とする完全な改憲論者のタカ派だが、全体的には民主主義や人権感覚、少数意見を尊重し、アジア諸国との平和外交を志向する穏健保守だった。尖閣諸島を筆頭とする領土問題や改憲姿勢で、そこまで強硬な姿勢を石破が見せなかったため右派は安倍支持で盤石な一枚岩となった。

2012年には様々な大小の政治的右派団体が安倍待望の集会を開催した。その筆頭は動員人数からしても、日比谷公会堂を貸し切りにするなどの絶大な動員力と資金力を見せたチャンネル桜の傘下である政治団体Aである。この日比谷集会は安倍支持の右派による当時最大のもので実に4000名の聴衆を動員して日比谷公会堂を満員にした。私はそこで「気鋭の若手保守論客」と銘打たれて約6分間熱心に演説した。

そして安倍は、無論総裁選は一定の党籍条件をクリアした自民党員にしか投票権はないものの、世論支持の印象を取り付けたいがためにこういった集会に頻繁に顔を出していた。私がまだ二回目の総裁になっていない段階の安倍議員に初めて会ったのもこの時期であった。この時は正直、私は安倍を支持はするものの次の総裁になるのは石破でまず堅いと内心は思っていた。「こんな若者にも支持が広がってくれればいいね」と私を見て安倍は第三者的に印象を述べたが、刹那の邂逅であったのでこの言を当人は覚えていないであろう。この約10年後に安倍が銃撃で死亡するとはだれが想像したか。

概ね2011年まで右派はいつ来るとも分からない衆院解散をあまり期待せず民主党政権打倒の金切り声を上げていたが、菅直人内閣から野田内閣に交代した2011年9月以降、右派はおろか世論全体も野田内閣を民主党政権の最終内閣だと位置づけるようになっていた。言うまでもなく解散圧力が野田に迫っていたからである。

この年の全国様々な大小の集会に訪れた聴衆は、私が国基研でみた人々と全くと言ってよいほど大差ないシニアであった。中には歩行も苦しく、介助人に付き添われた老人たちも少なくなかった。彼らには滾る愛国心があったがその愛国心の是非はともかくとして、安倍待望論の主力は当時からシニアであったし、第二次安倍政権成立以降の主力も相変わらずこの時の人々であった。２０２２年現在に至っても彼らがその主力を構成しているのである。

このようにして安倍自民は２０１２年12月の衆院総選挙で地滑り的大勝利をおさめ、彼は同月26日に総理大臣に返り咲いた。２０１２年は第二次安倍政権への待望と衆院解散・自民圧勝による興奮のるつぼのまっただ中であり、まさしく右派にとって「黄金の時代」であった。

右派集会が格好の参与観察の場だった

チャンネル桜傘下の政治団体Aの右派集会に数えきれないほど参加すると、自然と「常連」と顔見知りになる。もちろん私はすでに述べた通り政治団体A以外の集会にも招聘されて、数年もたたないうちに様々な右派集会に足しげく通いだした。それは公的施設を貸し切りにした屋内集会、野外集会、デモ行進、あるいはホール、貸し会議室やスペースで行われる勉強会やイベントなど様々な形態で、参加人数が30人の時もあれば数千人のときもあった。

私が純粋に番組のコメンテーターやゲストとして出演するのであれば、単に動画の中で喋って終わりである。または雑誌に寄稿したり本を出版したりしているだけだったのならば、真にその受け手であるシニア層との実際の触れ合いは読者との内々の交流という例外を除けば、ほとんどなかったであろう。

しかし私は、政治団体Aを筆頭とした右派集会やら、この手の催しに恒常的に登壇する立場となったことが、今思えば彼らシニア右翼の人となりや考え方を俯瞰して理解する絶好の参与観察になったと思っている。彼らがどのような社会的身分で、どのような経緯を経てシニア右翼になったのか。これを私は実体験を以て紙上に再現することができる。現在から考えれば二度とできない体験であった。

私がチャンネル桜に幻滅した理由

2013年になると第二次安倍内閣が本格的に始動し右派界隈の安倍支持はますます堅固になった。私は32歳になっていた。すでに述べた通り私はあらゆる保守雑誌に記名原稿を書きまくって単著を複数有する保守系言論人になっていた。既に青林堂とは縁を切っており、準大手・大手出版社から声がかかることが当たり前のようになっていた。

本格的な不協和音が響きだしたのは、この年の後半である。翌年つまり2014年2月の東京都知事選挙を目指して元航空幕僚長の田母神《たもがみ》俊雄を擁立することが急速にチャンネル桜＝政治団体Aの中で既定路線になっていった。田母神は当時同局のレギュラー出演者であり地上波テレビにも露出していた超有名人であった。チャンネル桜としては田母神の知名度を頼りにその最大の支持母体として都知事選挙に打って出ることで、更なる勢力拡大の目論見があった。当時都政は混乱しており、石原慎太郎都政で副知事を務めた作家の猪瀬直樹が取るに足らない徳洲会からの献金問題で揚げ足を取られ、辞任に追い込まれるという未曽有の事態となっていたのである。

チャンネル桜は総力戦で田母神の擁立を決定すると、同局の出演者すべてと政治団体Aの関係者すべてに総動員令をかけた。第一次大戦におけるフランス軍のような根こそぎ動員である。もはや法律上の分別は関係なく、チャンネル桜のレギュラー陣全てが田母神の応援演説に回るのが当たり前であると決定された。当然私もその対象であった。田母神の政策を見ると一言で言ってつぎはぎで脆弱であった。自衛隊や消防を活用した東京強靭化は石原都政の「ビッグレスキュー東京」の二番煎じであったし、財政政策についても経済顧問として就任した土建国家礼賛の右派系経済評論家の粗雑な理屈の転写の様に思えた。

ちなみにこの経済顧問は「韓国経済は○年以内に崩壊する」というのが持論で、「韓国人は恩知らずで属国根性が染みついた哀れな民族だ」と繰り返していたが、一度も韓国に行った経験は無かった。彼は後に粗暴事件で警視庁に逮捕される。

要するに田母神は候補者として及第点にすら達しておらず、そもそも政治家としての経験は無いので素人に思えた。私は自宅の側溝工事、給湯器修繕、取材旅行などと称して田母神の応援演説参加から逃げ回った。それでも東京・錦糸町における街頭演説に一度は駆け付けたので務めは果たしたつもりだが、同局の上層部らは私の消極的態度が気に食わず憎悪を募らせていた。そうして２０１４年２月に田母神が約61万票を取るも落選すると、その怨嗟の矛先はすぐに私の方に向かってきた。ついに同年３月にはチャンネル桜のレギュラーから追放を言い渡されたのだ。

正直に言ってこの宣告は渡りに船であった。すでに私はチャンネル桜との友好的な関係性の維持を諦めていた。まず第一に、チャンネル桜と政治団体Aは別物の筈なのに、混然一体となって常に極右的な集会での演説者として駆り出されること。そして同局上層部の決定した既定方針に異を唱えることができないこと。

なによりも視聴者、読者、受け手がほとんどすべてシニアであり、なおかつ彼らが徹頭徹尾差別主義であり、彼らを気持ちよくする差別的言動以外は歓心を買うことができず、まともな言論活動がこれ以上見込めないことなどがその幻滅の主な理由だった。とにかく彼らの言説のレベルの低さに嫌気がさしていたのである。

そして決定的だったのは、都知事選挙に関して秋山惣一郎『朝日新聞』東京本社記者（当時）からの取材を私が受けたことに関し、くだんの記者に対する私の回答文をチャンネル桜が私的検閲しようとしたことだった。

彼らは堂々と「ネット右翼など存在しない旨、朝日に回答せよ」と申しつけてきた。明らかな言論統制である。彼らからしたら私は、個人で新聞社にコメントする文章をも自由に関与できるのだ、という都合の良い飼い犬の位置づけだったのである。だから私は抗弁もせず素直にクビを受け入れた。

この時、チャンネル桜の局舎から去る私に同局番組プロデューサーが「ウチを辞めてこの先どうやって食っていくんだ」という趣旨のことを言った。彼なりの嫌味だった。もとより私はカネで言論をやっているのではない。そして既に私には大手出版社から本の話や、この年の後半には都内の大きなFM局のコメンテーターになる話が来ていた。よって後顧の憂いなど無かった。

バッシング、誹謗中傷との闘い

空は曇天だったが私の心は晴れ晴れとしていた。いやまるで快晴であった。後日、私がチャンネル桜のレギュラーから降板した（させられた）ことが視聴者向けに公式発表されると、彼らシニアは最初こそ同情的だったが、やがて『朝日新聞』に私のコメントが載ると口々に「裏切者」「アサヒに寝返った」「売国左翼」と口汚く罵り、果ては「古谷は朝鮮人だ」などと言ってすぐさま私への罵詈雑言と中傷攻撃が開始された。なお、当然のことながら「朝鮮人＝悪」だと私は考えていない。こうした罵詈雑言を行う人々は「朝鮮人＝悪」を前提にしていることが問題なのだ。

チャンネル桜自体が私への糾弾放送を始めて、更に火に油を注ぐ事態となった。他人を呪詛するエネルギーを商売に向ければもっと楽に生きられるのに、と思ったが無意味だった。なぜなら彼らは裏切り者と認定した私を攻撃すること自体に正義感と快感を覚えていたからだ。

それはまずツイッターなどのＳＮＳに始まり、すぐさまブログや動画などに波及して一大「古谷バッシング」の様相を見せた。私の自宅宛てに脅迫状や嫌がらせの封筒が何通も届いた。私と名刺を交換した者の中のいずれかの犯行であった（当時私の名刺には自宅住所が印刷されていたのだ）。全部警察に届けた。

即刻私はその中の悪質な何人かを特定して、彼らを相手取り損害賠償訴訟を東京地裁に提起した。全てに勝訴したが、事の詳細はまた別の話である。こうして私の濃密な右翼時代は幕を閉じた。碌でもない私の右翼時代の5年はこうして終わったのだ。

ちなみに田母神はこの時の東京都知事選挙について、公職選挙法違反の容疑で２０１６年に逮捕・起訴され、２０１８年に最高裁で懲役1年10ヵ月、執行猶予5年の有罪判決が確定している。

コラム１　宗教保守とは何か

▽宗教勢力は元来保守寄り

２０２２年7月8日、日本のみならず世界を震撼させた安倍晋三元総理暗殺事件があった。これは民主主義への重大な挑戦であり絶対に許されない蛮行であるが、犯人の山上某が旧統一教会に恨みを持ち、安倍元総理が旧統一教会とつながりが深かった（と思った）と動機を奈良県警に供述したことにより、一挙に「政治と宗教」の関係性がクローズアップされた。

旧統一教会を含む新興宗教勢力は「宗教保守」とか「宗教右翼」などと呼ばれる。便宜上これを「宗教保守」と呼ぶが、新興宗教勢力が政治に、とりわけ「保守」に接近するのはなぜか。

まず新興宗教とは新宗教（以下、新宗教）などと同義だが、基本的には幕末から近代以降に設立された宗教団体を指す。これに対義するのは伝統宗教である。これは神道、仏教、キリスト教など、幕末・近代以前から日本に存在する宗教とその団体である。しかしながら伝統宗教であっても新宗教であっても、政治的には革新には寄らず保守側に位置するのは考えてみれば当たり前である。

マルクスによる「宗教はアヘンである」の言葉は有名である。正確には「ヘーゲル法哲学批判・序説」の一節で、必ずしも宗教そのものを否定した文脈ではないが、封建的因習を破壊することを良しとする革新の考え方に従えば、これまた人類史の中で道徳や因習を作ってきたそのものが宗教といえる。理性で社会を構築することを良しとし、伝統的な風習や文化の継続性を「封建的である」と見做して刷新しようとする側面が強い革新の発想は、宗教勢力と折り合いが悪いのは当然である。宗教勢力が保守政党に結び付くのは自然なのだ。

各国の保守政党を見ても、その支持基盤は宗教勢力であることがわかる。例えば米共和党は全米福音協会やカトリック教会からの支持を強く受け、それらの団体は人工妊娠中絶反対、同性婚の連邦憲法書き込み反対を強く主張して共和党の強い支持母体になっている。カトリックの総本山・バチカンが望まない妊娠に対して人工妊娠中絶を容認したり、進化論を科学の枠内として許容するまでに第二次世界大戦後何十年もかかったりしたことがいい例である。

▽戦前の天皇制の下での宗教

近代日本においては明治天皇制国家の都合上、国家神道が事実上の国教的位置づけになったが、日本人に深く根づいた仏教を排除することはできないので、維新後の一時期を除いておおむね自由放任であった。ところが日中戦争が勃発する1930年代になってくると、総動員体制の中、政府は国民の精神的動員を図る観点から、国内の宗教団体を統制し「天皇制国家の戦時遂行に協力する」ように求めた。

天皇を至上とする体制の手前、鎌倉仏教の創始者をどうとらえるのか。そもそも仏陀と天皇の関係はどうするのか。キリスト教にあってはゴッドは天皇の上位なのかどうか。このような極めて難しい問題を政府は雑に言ってしまえば「それぞれの宗教における信仰対象は、天皇を頂点とする国家体制に従属するものでなければならない」という方針を一様に強制し、仏教勢力やキリスト教勢力に寺社での教育や教団としての寄付行為を求めた。これを一般的に「戦時教学」と呼ぶ。

これにより戦争に協力させられた特に伝統宗教の各派は日本の敗戦と共に解放されたが、基本的には「国家権力に統制されるのはもうこりごりである」という風になり、基本的に政治とはまったく距離を置くか、ないしは戦後民主主義的な価値観を護持し、復古主義的な政治勢力を警戒するようになった。キリスト教勢力はそもそも「三位一体（父と子と精霊）」の関係の中に天皇は存在しないため、当然このような姿勢を明確にした。

これに対し幕末・明治以降に創設された新宗教は、そもそもの布教基盤が伝統宗教の間隙にあって脆弱であったので、もとより権力に接近する傾向を有した場合が少なくなかった。そして天皇制国家の枠組みの中で、とりわけ日蓮の思想をどう発展させるかという問題に心血を注いだ新宗教もあった。例えば「八紘一宇」の始祖である田中智学《ちがく》は1914年に「国柱会」を設立した。前身である「蓮華会」は1880年の設立であるが、これは日蓮宗の新宗教団体である。

強烈な天皇主義を掲げた「国柱会」の著名信者には、関東軍参謀で満州事変を画策した石原莞爾がいる。このような日蓮の思想を国家主義に結び付けた運動を一般的に「日蓮主義」という。実際には親鸞の教えすらも国家主義と結びついたきらいがあった。浄土真宗も国家主義に傾倒した（詳しくは中島岳志『親鸞と日本主義』〈新潮選書〉を参照のこと）。戦前、新宗教と右翼は大きく重複していた。むろん大本《おおもと》教の様に、あまりに国家主義の方向に進みすぎて逆に天皇制国家を脅かす存在とみなされた場合は、徹底的に弾圧を受けたケースもある（第一次、第二次大本弾圧）。

▽戦後、創価学会の伸張と日本会議

戦後の新宗教では、まず戦中に弾圧を受けた創価学会が高度成長の波に乗って大躍進した。高度成長はそれまで半農国家だった日本の姿を一変させ、農村から都市部に向かって日本史上最大ともいえる人口移動が発生した。この中で都市の生活になじめず、精神的に孤独を抱えた人々に創価学会は大きく訴求したとされ、信者数は一挙に数百万人に拡大する。戦後における創価学会の大躍進は「日蓮主義」から国家主義的な要素を取り除いた性格を持つものだと言えなくもない。

創価学会は最大の支持母体として当初仏教民主主義を掲げる公明党を設立した。同党は戦後民主主義的な「平和と福祉の党」に進化し一時期は新進党に合流するなどの経緯があることからむしろ自民党とは疎遠関係であった。ところが１９９９年に自公連立（正確には自自公連立。自由党は後に保守党）が成ると、民主党政権期（２００９～12年）を除き、国政では現在に至るまで政権与党を担当している。水と油、とまではいかないが疎遠関係であった自民党と公明党が連立を組んだことは、とりわけ新宗教勢力に巨大な衝撃を与えた。

まず新宗教の中で創価学会に次ぐ新宗教とされる立正佼成会は、それまで自民党支持であったものを撤回しとりわけ靖国神社参拝について強く反対の姿勢を鮮明にし、憲法問題についても明確に護憲の姿勢に回った。立正佼成会を筆頭に１９５１年に「新日本宗教団体連合会（新宗連）」が結成されていたが、概ねここに加盟する新宗教（ＰＬ教団、円応教、霊波之光など）も教団としての自民党支持から退いた。

しかし自公連立で最も影響を受けたのは霊友会、佛所護念会教団、生長の家（谷口派）、神社本庁などを中心とする新宗教である（――正確にいえば神社本庁は、全国の神社神主からなる団体で、国家神道の過去を踏まえた関係上もとより体制寄りであったが、正式に宗教法人格を設立したのは戦後である）。これらの教団は戦後も保守的政治姿勢を取り、自民党の中でもなかんずく戦後民主主義的な価値観を色濃く有した保守本流の宏池会・旧経世会系ではなく、もとより戦前からの流れをくむ復古主義的価値観を有する清和会を支持した。

そもそも戦後になって設立された教団も少なくなく、とりわけ生長の家の始祖である谷口雅春は強烈な天皇主義者として知られ、谷口没後も彼の思想を信奉する人々を「旧生長の家・谷口派」とか単に「旧生長の家」「本流運動」などと呼ぶ。自公連立の前段階から発生していた自公接近に影響される形もあり、1997年に「日本会議」が設立された。元々、日本会議は二つの政治団体を統合したものだが、これらの支持母体は前述したような新宗教である。

創価学会は戦後民主主義的な価値観が強く、日本会議を構成する新宗教とは政治思想が異なり、特に復古的な清和会とは相性が悪い。にもかかわらず公明党が「国政選挙における多数党を形成しその一角を担う」ことを志向して、必ずしも政治姿勢が近似的でない自民党と連立（――とはいえまだしも公明党と考え方が近い、自民党保守本流の経世会である小渕恵三政権との連立を当時志向した）したことにより、危機感を抱いた非創価学会、非立正佼成会の中堅新宗教が共闘したのが日本会議の実相と言える。

▽精神的な反共支柱だった韓国、旧統一教会

ではこの流れの中で旧統一教会はどのような位置づけなのか。旧統一教会は1954年に創始者である文鮮明が韓国・ソウルで設立した。朴正熙の軍事政権下の1960年代、旧統一教会は大きく拡大したとされる。旧統一教会はキリスト教の一派とされるが、実際にはアニミズム（精霊信仰）や韓国に根強い儒教を取り込んだ教義曖昧の混合的教えを主体とするもので、日本における伝統仏教とも、日蓮系が強いとされる戦後の新宗教とも違っている。

旧統一教会は、朴正熙の長期軍事政権の庇護の元で信者数を拡大させたとされる。この背後にはまたもアメリカの極東戦略があった。第二次大戦後に東西対立が深刻化すると、アメリカは日本を反共の防波堤として位置付け経済復興を急がせたが、東側に対抗する精神的支柱には韓国を選んだ。

戦後日本では新憲法のもと信教の自由が保障されたので、国家権力による露骨な宗教への介入や統制は憚られた。また新憲法の体面上、戦前・戦中に非合法とされた日本共産党の合法化を撤回することはできなかったので、革新勢力が社会に瀰漫《びまん》することになった。世界的な潮流ではあるが日本の知識階級も戦前においてマルクス主義に傾倒する場合が少

なくなく、よって戦後社会の中でも徹底した反共勢力が生まれにくい土壌があった。また
ソ連は日ソ中立条約を侵犯して対日宣戦布告（1945年8月9日）を行い、満州・樺太・千島等に流れ込み「シベリア抑留」に代表される戦争犯罪を引き起こすが、ドイツのように本土が分断国家として処理されたわけではなかった。よって社会の中で徹底的に反ソ感情が醸成される部分はいまひとつ乏しく、戦後日本では容共勢力が一定の力を持つことになる。

一方韓国は明々白々な北朝鮮の侵略に端を発する朝鮮戦争で国土が破壊され、1953年のスターリン死去を要因とする朝鮮戦争休戦がなっても直接の侵略者である北朝鮮――共産主義者――への警戒や敵愾心が国民に強く、北朝鮮から財産を接収され南に逃げてきた旧ブルジョワ階級（――日本統治時代、鉱産資源開発の観点から北朝鮮領域の方が工業化が進展しており、よって朝鮮人資本家が多かった）が多数存在したために、反共勢力が徹底して伸長しやすい土台が社会の中にあった。そしてすでに述べたように韓国は独立後一貫してアメリカの庇護の元軍事政権が樹立されて、強権的な国家権力による社会介入が日本よりもはるかに容易であった。

経済的な反共支柱を日本、精神的な反共支柱を韓国とし、アメリカを頂点とした東アジ

アにおける反共体制を確立する。後者における中心こそが旧統一教会だった。

▽「満州人脈」がつくった国際勝共連合

文鮮明により「国際勝共連合」がソウルで設立された1968年、ほぼ同時に東京に日本支部が結成され、すでに総理大臣の職を退いていた岸、戦後右翼のフィクサーである児玉誉士夫、笹川良一らが設立発起人に加わり、日本における韓国由来の反共団体「国際勝共連合」が誕生したのである。当時の韓国大統領朴正熙はそもそも戦前、日本の陸軍士官学校（第57期）に留学したのち、満州国軍の中尉に任ぜられそのまま終戦を迎えた経歴を持つ。岸は戦前「革新官僚」として満州経営に深く携わっていた。

満州事変を経て「建国」された満州国は日本にくらべて資本集積が乏しく、社会インフラも未整備だった。よって、既得権益を持つ資本家が脆弱だったので権力が介入しやすく、ゼロからソ連計画経済を範とした強力な上からの統制経済に適応する素地があった。これにより戦前の満州は重工業化が進む。満州国が「実験国家」などと称されるのはこうした理由がある。

前述した石原莞爾はその講演集『世界最終戦論』の中で、いずれ起こりうる欧米近代国家との総力戦のために、日本は満州を保持して工業力を高めなければならないことを説いた。石原は東條英機と対立したので日米開戦時にはすでに左遷されていたが、日本にとって満州とは常に「巨大な付属地」であった。戦後、この満州に関わったものが様々な分野や形で相互につながりを深めていく。満州を接点とした「満州人脈」は戦後日本の再建にあって無視できない要素のひとつである。

もちろん、岸と朴、そして文鮮明には戦前において直接の面識は無かったが「満州国」をハブとした「満州人脈」の一環であるとみなすべきである。そして戦後、岸を源流とする自民党清和会の始祖となった鳩山自由党（——吉田茂の自由党と合併して自民党となる）の結党時に膨大な資産で以てその結党資金その他を提供した児玉は、青年期に満州に渡った経験もあり、戦中は陸軍の軍需物資調達機関である所謂「児玉機関」のリーダーとして上海を中心に工作活動を行っていた。この「児玉機関」が戦中、陸軍に協力するうえで報酬などとして受け取った蓄財（金、銀、銅、ダイヤモンド、粗鉄、ニッケル、ボーキサイト、各種資材など）をもとにして設立されたのが前述鳩山自由党であり、後の自民党清和会である。

岸、朴、児玉はすべて「満州人脈」で繋がっている。ちなみに笹川は朴、児玉よりも少し年上で満州での活動経験は無かったが、戦前にはいち早く右翼団体「国粋大衆党」を結成（1931年）しており、ムッソリーニのイタリアを範としたファシズム国家建設を志向した（——笹川は航空に明るく飛行機が操縦できたので、単独でイタリアまでプロペラ機を操ってローマに赴きムッソリーニと会見している。それが故に国粋大衆党は陸軍への航空機奉納事業などを行った）。この「国粋大衆党」の幹事長をしていたのが児玉である。岸、児玉、笹川の三名はすべてGHQによりA級戦犯に指定されており、後に釈放されるもののGHQの命令で巣鴨プリズンに長期間収監されたのち、「親米」に転向した経験を持つ。彼らは戦中・敗戦直後においていわば「同じ釜の飯」を食った同志たちと言える。

このような戦前の旧体制を担った勢力が戦後日本でそのままスライドし、韓国由来の反共団体「国際勝共連合」を設立させた。「国際勝共連合」は旧統一協会とは書類上別個の団体であったが、実質的には一体である。日本での「国際勝共連合」の設立はすなわち旧統一教会の日本進出を是認することとイコールになり、以降旧統一教会の日本布教活動は活発になる。すべては「反共」を志向する戦後右翼の政治的計画があり、そしてその背後にはアメリカの極東戦略が存在する。このように旧統一教会は日本の「保守」政治勢力に食い込んでいった。

▽なぜLGBT擁護を反共と見なすのか？

旧統一教会と事実上一体である「国際勝共連合」が仇敵としたソビエト連邦が1991年に崩壊して地図から消えると、「国際勝共連合」の存在意義は薄弱となる。反共と言っていたら反共の頭目が無くなったので、活動の求心力が失われたのだ。このような国際環境の激変の中「国際勝共連合」の活動とセットで「許容」されていた旧統一教会の布教内容が問題になる。人々の自由意志を踏みにじると思われる異形の「合同結婚式」が問題とされ、社会通念に反した高額な壺や朝鮮人参などを信者に買わせたりする所謂「霊感商法」が1990年代初頭のメディアの中で大きく捉えられ、旧統一教会の社会的イメージは失墜した。

これを政治史の中でとらえると、もはやソ連崩壊により「反共」の看板の意味が無くなった旧統一教会が、政治的な意味を喪失したのちに極めてカルト的な側面しか持たなかった事実が冷戦崩壊後、たちまち可視化された結果ともいえる。

このような流れの中で旧統一教会や「国際勝共連合」は反ソを打ち出すことが難しくなった。それでも北朝鮮を主敵として反共活動をする見込みはあったが、冷戦崩壊後の韓国政権（金大中以降）はそれまでの共産国との敵対関係を転換して「北方外交（旧共産国との融和外交）」を志向し朝鮮戦争の交戦国であったロシアや中国との国交を樹立したことから、北朝鮮打倒一本やりというのも馴染まず、そもそも北朝鮮は民族的に同胞であるから90年代の韓国では対北融和論が盛り上がってくる。そうすると「虚構」の共産主義者を反共のフレームに落とし込むしかなくなる。結局その思想が「LGBTを擁護する人々は共産主義者だ」とか「同性婚は共産主義者の発想である」というトンデモな方向に展開せざるを得なくなっていく。

性的少数者への権利付与と、共産主義者云々は何の関係もない。そもそも共産主義は社会主義体制を経て人類が至高の存在としてたどり着く体制であり、そこには差別・被差別の関係は無く、また搾取・被搾取の関係性もない。彼らが敵愾視しているのは、架空の共産主義（者）であるが、ソ連が崩壊した以上、北朝鮮以外の誰かを敵にしなければならないので、このような粗雑な「反共論」が彼らの中で共有されていく。

▽シニア化が進む新宗教

こうした歴史的経緯が旧統一教会と日本の「保守」勢力の中にあった。旧統一教会は日本会議の構成メンバーではないが、このような経緯を踏まえて清和会とつながりを持った。新宗教の中で最大の勢力を持つ創価学会はその信徒数約200万とも300万ともされる。2位は自公連立以降自民党と距離を置いた立正佼成会の約50万～100万。日本会議を構成する全ての宗教右派を合算しても信徒数は50万～80万（霊友会40万、佛所護念会30万など）というところだと推察される。これに比して旧統一教会はその信徒数数万～10万程度とされ、新宗教の規模としては決して大きくはない。

とはいえ戦後の歴史的な繫がりは旧統一教会と永田町の中に少なくない接点を作った。祖父である岸からのよしみで安倍元総理が同教団にメッセージを送っていたのは事実で、また手弁当で選挙応援をしてくれるボランティア信徒の存在や、少ないとはいえ選挙区当たり数百から1000票程度を見込める旧統一教会はまったく無視できるほど小さな勢力というわけではない。このような関係性が安倍元総理銃撃事件以降、現在に至るまで日本社会を揺さぶり続けている。

旧統一教会以外の新宗教勢力（日本会議所属）も、まったく同じように「LGBT嫌悪」「護持すべき家族像」「行きすぎた性教育の是正」を言う。現在の自民党の政策が旧統一教会からの影響によって形成されたのだ、と指摘する向きもあるがあまり正確ではない。

これまで述べてきたように、そもそも宗教と保守政党の主張は根本的に近似的だからだ。

私の絶縁した母は日本会議を構成するある新宗教の信者になったのだが、半ば強制的に私が同教団の道場に連れていかれたときに目にした冊子の中には、やはり「反ＬＧＢＴ、反性教育、家族の護持」の三拍子が揃って喧伝されていた。新宗教は復古的価値観と相性が良く、政治的な発言力を確保していこうとすれば自然と保守政党の主張と似てくる。

その中でもとりわけ憲法改正とか領土・領海の保持みたいなタカ派的イシューについての主張は、そもそも新宗教にとってあまり興味はないが、政治的発言力を確保するために「逆に新宗教側が保守政党に合わせた」と観るべきであろう。そもそも宗教にとって国家権力を規定するに過ぎない世俗でのことわりを定めた憲法は、絶対的な宗教教義のはるか下位に位置するのでそれを改正しようとするまいとあまり関係はない。そして信心に国教の概念は無いから領土・領海の分捕り合戦と言ったような、これまた世俗的な境界確定の争いについても優先順位は低い。宗教に国境線は無い。自民党の政策は新宗教に影響されたというよりは、元々両者は同じような価値観を有しており、特に個別問題については新宗教側が巨大保守政党の、とりわけ個別の議員の歓心を買うために贔屓的に合わせた、と見做しても間違いではない。

ちなみにほとんどの新宗教は高齢化が著しい。この理由は日本社会全体の人口構成が高齢化していることに加え、日本における新宗教の拡大期が高度成長期に重なるからである。高度成長は農村から都市部への大人口移動を伴ったため、都市部の新生活で人脈が乏しい人々の心の空虚を補充したからだ。1960年に20歳で入信した第一世代の人は現在80歳である。その子は所謂「二世」とされるがそれでも現在50~60歳となる。もはや宗教二世は孫の世代である三世（20~30代）に代替わりしようとしている。

また一般的には世代を経るにつれ信仰は薄くなる。いくら第一世代が熱心でも子の世代の全てが信仰的に拘束されるとは限らないので、時代を経るごとに実際の信徒数は先細っていく。その中でも旧統一教会は高度成長期ではなく1980年代に遅れて趨勢を拡大させたので新宗教の中では比較的構成は若いとされるが、それでも例えば1990年に30歳で入信した人々は現在還暦を超えている。よって新宗教の多くは日本以外の例えばブラジルなど南米やサハラ以南のアフリカ諸国、豪州、カナダ、アメリカなどでの新規信者獲得活動を進めている。新宗教の世界でもシニア化は深刻なのである。

第二章　右翼とは何か、ネット右翼とは何か

――約6000年の冷凍睡眠（コールドスリープ）から目を覚ましたイケダ青年に対し。

イケダ青年「この星を放棄するなんて銀河連邦はなぜそんな決議をしたんです」

博士「なぜといって……。もともとここは銀河開発のための中継基地なんだ。その目的はとっくに失われている。銀河系が開拓されつくしたわけじゃない。そんなことできっこない。意欲を失ったのだ。いわば『人類』という種全体が青年期を過ぎて……、老年期に入ったんだよ」

イケダ青年「そんな！　信じられない！　種の老年期なんて、そんなものあるものか！どうしてそんなことが言えるんですか⁉」

博士「そう……現象としてはさまざまある。まず出生率の低下だな。連邦の人口は急速

に低下しつつある。文化の停滞も問題だ。この三百年ばかり、これという発見も発明も特にない。なによりもはっきりしているのは……、新しいものに目を向けようとしなくなったことだ」

（『老年期の終わり』藤子・F・不二雄大全集　少年SF短編2、242〜243頁。初出『マンガ少年』朝日ソノラマ、1978年8月号）

源流は幕末の水戸学

ここまで「右翼」や「ネット右翼（ネトウヨ）」といった言葉について、詳しい説明抜きで話を進めてきた。この章では一度立ち止まって、歴史をさかのぼりながら定議を確認しておきたい。

そもそも日本における右翼をどう定義したらよいか。洋の東西が違えば右翼の定義も違ってくる。コトバンクで「右翼」と引くと、〝他の多くの政治的用語がそうであるように、右翼ということばも多義的であり、対立概念の左翼と同様、元来、相対的な意味しかもたないゆえに、厳密な定義を行うことは困難である〟とでる。これでは身もふたもないので、少なくとも日本における右翼とは何かを考えてみたい。

近代日本における右翼は、間違いなく熱心な天皇主義者とイコールである。一君万民論を強く信奉し、天皇の下に全ての人々が共に団結し、強力な国家体制を建設していくことを肯定するのが少なくとも戦前右翼の最大の特徴である。一君万民論とは文字通り一君（天皇）の下部に全ての人民（万民）は平等であるとする考え方である。正確にはこの理屈は幕末の吉田松陰が唱えたのが始まりとされるから、明治維新を経ていきなり出てきた概念ではない。明治維新前の幕末からこのような考え方が生まれてきたのはなぜか。

古代における皇統断絶の問題は置いておくとして、永く存続してきた天皇家は中世期になると台頭する武家勢力に官位を叙任することで権勢を保ったが、実際の政治権勢は武家政権が担った。

中世は大義の時代である。幾ら実力（軍事力・経済力）があっても、上位存在から官位を与えられなければ実質的統治者であったとしても信用が無い。秀吉が関白・摂政に拘《こだわ》ったのが端的な故事である。信長ですらその官位は太政大臣であった。一方、10世紀に挙兵し東国平定を目指した平将門は「新皇」を名乗ったが、官位が無かったため民衆からの支持も低く、結局討伐された。「従一位徳川次郎三郎源朝臣家康」。徳川家康の正式な名前である。詳しい解説は除くが、「従一位」は位階なので形式的に「家康は天皇の臣下」という形をとる。

中世から近世にかけての武家政権（平氏政権、鎌倉・北条政権、足利政権、織豊政権、徳川政権）はこのように天皇から叙任される形で統治者としての大義を獲得してきた。ところが徳川幕藩体制も時代を経ると、天変地異（――これは徳川のせいではないが、当時の朱子学＝儒教の考え方では地震や噴火は統治者の徳の無いせいだとされた）、農業生産の不振、外国船の来寇などで幕藩体制は動揺し、統治者として委任された徳川は「本当に正統性があるのか」という疑問が沸き起こってきた。

この理論的支柱になったのが水戸学である。水戸学は水戸藩二代当主徳川光圀を始祖とするが、大きく分けて前期と後期に分かれる。光圀は『大日本史』の編纂にとりかかるが、全部が完成したのは光圀が没した遥かのちの明治になってからである。『大日本史』は神武天皇から第百代天皇である後小松天皇までを記述したもので、それ以外にも皇族・皇女・武将についての記述、各地の地誌などを含んでいる膨大なものだ。

このように「天皇を軸とした歴史書の編纂」の意味あいが強かった前期水戸学であるが、幕藩体制が動揺してきた19世紀になると「本当に権威があり日本を統治する正統性があるのは、徳川ではなく天皇ではないか」という疑問が体系化される。天皇から統治を任されたはずの徳川体制がガタガタに疲弊してきて、外国の圧力にも有効に対処できなかったので、このような考え方に至るのは当然といえる。これが後期水戸学である。よってこれが幕末の「尊皇攘夷」運動の大きな理論的支柱になった。

戦前の一君万民論とアジア主義

明治国家が建設されると、華族制度は設けられたが表面上、全ての人々は平等とされた。前近代まで激しく差別されてきた被差別階級の人々も「解放令（明治4年）」で「書類上」は平等とされた。太政官布告として出されたこの令は、当然被差別階級から歓迎され、「（明治）天皇万歳」の提灯行列が各地で挙行された。実態としては壬申戸籍に旧身分が記載されたことから、被差別階級の人々に対する根強い差別はまったく変わることが無く、ゆえに大正期に全国水平社（1922年）の結成を見るわけだが、あくまで制度上は平等となった。つまり一君万民論の外廓は「一応」整ったのである。

封建時代の旧身分の別なく、すべての人々は天皇の下に平等に団結するというこの理屈は、明治天皇制国家を維持するうえでは好都合である。そしてこれがアジア主義へと接続していく。

そもそも徳川幕藩体制を打倒した明治維新の遠因は、アジアにおける英仏米蘭西など西欧列強の侵略と植民地化への強い危機感であった。よって侵略の危機にさらされている日本は、天皇を中心にすべての人々が団結して強力な国家体制を作らなければならない。しかし日本一国だけで果たしてそれが可能かというと疑問である。よって日本のみならず、朝鮮・中国とも連携していわば「アジア連合」を結成することにより西欧人に対抗していかなければならない——、これが当初のアジア主義でその筆頭は1880年に結成された「興亜会」、また翌1881年結成の「玄洋社」である。

当初のアジア主義はアジア諸国の武力併合を企図したわけではなく、日本と同様の「近代化による西欧への対抗」という意識を同じアジアの同胞にも普及させることを主軸としていた。

これとは別に明治維新直後から征韓論が唱えられた。武力による朝鮮併合政策である。主軸となったのは岩倉の遣欧米使節団派遣の最中、留守政府として国内を任された西郷隆盛、板垣退助らであった。ご存じのとおり西郷は明治政府主流派と対立し賊軍として西南戦争で没し、板垣は政府を去って下野した。明治初期の征韓論はやがて台湾出兵や朝鮮併合に発展するが、当時のアジア主義はこういった武力併合路線を一直線に進んだわけではない。とりわけ知識人階級にはその気概は旺盛で、福沢諭吉が熱心な朝鮮独立運動の支援者となり、封建的な当時の李氏朝鮮で独立・近代化を志向する活動家・金玉均を物心両面で支援したのがその典型である。

ところが金玉均は上海で暗殺されてしまう（1894年）。朝鮮の独立・近代化は遅々として進まず、その背景にはこれまた封建的な王朝である清の強い支援がある。朝鮮が自力で近代化できないならいっそのこと自分で支配して「教育」した方が良いとばかりに、明治日本は朝鮮の支配権をめぐり清と対決する。日清戦争（1894〜95年）である。

清は決して近代化を怠っていたわけではなく「洋務運動」を筆頭とした大規模な社会体制の刷新を行おうとしたが、M・ウェーバー曰く「家産制国家」であるがゆえに結局は近代化に失敗した。つまり国民国家としての自意識が遂にはぐくまれず、支配者は領土や国民の財産を「家産（私有財産）」と見做して搾取したことが原因であった。軍隊の規模として清軍は決して明治日本に劣後していたわけでもなく、むしろフランスから購入した最新の戦艦を有する北洋艦隊は、当時の日本海軍よりも巨大だった。しかし清軍は日本軍からの攻撃を受けるとすぐに兵士が脱走して壊走を重ねた。「国家は自分たち国民と一体である」という国民国家の軍隊は、ナポレオン戦争を見れば一目瞭然のとおり強い。清にはそれが無かったために、寡兵の日本軍に対抗する意欲を持たなかったのである。

「異端」の清朝、「失望」の中華民国

このように日清戦争で日本が勝利すると、アジア主義は侵略的傾向へと変貌する。中国の歴代王朝はどの時期をとっても世界最大の人口を誇る経済大国として君臨した。言うまでもなく日本は古代からこの先進国・中華王朝から様々な薫陶を受けた。永きにわたって日本の知識人の条件は「漢書を原文で読めること」だった。

中華王朝は冊封体制（華夷秩序）をとり、とりわけ朝鮮やベトナム、現在のモンゴルやウイグル・チベット方面を服属させてきたが、日本も精神的にはこの一員と言えなくもなかった。しかしこの中華世界の前提は「漢民族による王朝」について正統性を持つのであって、漢民族以外の異民族が樹立した王朝は「正統性が無い」とみなされた。

幕藩体制前期の17世紀中庸、漢民族の巨大王朝だった明が滅亡して満州族（満人）を主体とする清朝が成立すると、朝鮮や日本では「中華世界における正統性を持つのは漢民族の王朝だけであり、異民族が樹立した国家はそうではない」と見做した。これをもとに中華世界が異形の状態に陥ったとみなす考え方を「華夷変態」という。

よって中華世界の薫陶を受けた朝鮮では「自分たちこそ中華思想を受け継ぐ正統性があ

る」として所謂「小中華思想」が誕生した。日本でも同様に、日本を頂点とした冊封体制を築き上げることには正統性があるとして、アイヌや琉球の朝貢・支配を正当化した。これを歴史用語では「日本型華夷秩序」などと呼ぶ。

このように明治国家以降の日本でも、清朝を異端とみなす風潮が根本にあり、アジア文明の主軸となるのは漢民族でなければならないとする価値観は、アジア主義者の中にも瀰漫していた。1911年に孫文の辛亥革命が起こり清朝が打倒されてアジア初の共和国（中華民国）ができると、アジア主義者はこぞって革命の英雄である孫文を支援した。孫文は漢民族であり、打倒される対象は「異民族」国家である清朝だからであった。戦前右翼の大物である頭山満（玄洋社総帥）は、神戸で孫文と会見して歓待したほどで、当時のアジア主義者は中国に漢民族の近代国家が成立することを手放しで歓迎したのである。

しかし革命を経て成立した中華民国は、各地に軍閥が軍雄割拠する状態となり、首都（南京政府）の支配は中国全土に及ばず、事実上の内戦状態が続いた。孫文の死去（1925年）後になってようやく軍閥は概ね南京政府の支配下にはいったものの、なお流動的であり中国の近代化は遅れた。

このような現状に幻滅・失望したアジア主義者はまたぞろ「中国人に任せているようでは

近代化はできないので、いっそのこと日本が支配して教育した方が良い」と考えるようになり、満州事変（1931年）から始まる中国侵略を正当化させていく。尤も注意しなければならないのは、征韓論に代表されるように明治初期、それ以前から日本優位論が後期水戸学における天皇の絶対的位置づけという認識により支配者層の中に少なくなく存在していたこと。微温的に明治以降の社会の中には中韓蔑視が存在しており、その中でアジア主義が変貌していったことを附記しなければならない。

そしてやはりその根底には一君万民論がある。一君は天皇だが、万民の部分は必ずしも日本人だけでなく、アジア民族として代入すると、これは即、田中智学が唱えた「八紘一宇」へと発展する。天皇を中心にすべてのアジア民族は平等に団結すべきで、その頂点は天皇であり、天皇を頂く日本民族こそがアジアにおける主導的役割を果たすべきという独りよがりの思想が、「大東亜共栄圏」建設を正当化させた理屈のほぼすべてである。

現在の右翼は「エセ右翼」

ともあれこういった屁理屈全てを強烈に肯定し、推進したのが戦前の右翼であった。整理すると右翼の源流は後期水戸学にあり、それが一君万民論、そしてアジア主義に発展していく。そうなれば近代日本における右翼とは少なくともこの二つを持っていなければおかしいとなるはずだが現実はどうか。

　上皇が平成期に天皇在位中、誕生日に際しての記者会見で「私自身としては、桓武天皇の生母が百済の武寧王の子孫であると、続日本紀に記されていることに、韓国とのゆかりを感じています」（２００１年宮内庁）と述べたことに右翼は「反日左翼」として反発し、ネット上には「天皇は反日」とする書き込みが溢れた。今上皇后が皇太子妃だった時、西尾幹二は雅子妃が精神的に不安定であることを「仮病」だとする論考を保守系雑誌『WiLL』に発表した。最終的にはこの論考は『皇太子さまへの御忠言』（ＷＡＣ）として書籍化された（２００８年）。令和期になると、右翼は眞子内親王（当時）が小室圭と婚約・結婚する段になったとき、内親王を「恥さらし」と罵倒し、抗議集会すら行った。

　在日コリアン、韓国人、中国人を「恩知らずの民族」であると呪詛することを踏まえても、現在の右翼は天皇一家への敬意を持ち合わせておらず、アジア主義すら存在しないことも明らかである。繰り返すようにアジア主義は後に日本の侵略を肯定する方向に「発展」したが、当初はアジア諸国との連帯を謳って、さまざまな近代化に資するとされる支援を行ってきた。アジア主義が侵略戦争に変化した時代であっても、それはあくまで「アジアの人民を日本が

「教導する」という名目で行われた。ところが現在では、在日コリアン、韓国人、中国人を「教え導く」対象ではなく、ひたすら社会や共同体から排除する方向に向かっている。

つまり現在の右翼は、戦前の右翼とはまるで違うのである。戦前右翼の姿勢を近代日本における右翼の原義とするなら、現在の右翼は「エセ右翼」とか「偽装右翼」となり本書の表題も「シニアエセ右翼」などとしなければならないが、ややこしくなるので慣習上あえて右翼としている。

このように戦前の右翼と現在の右翼はまるで異なっている。いま、右翼と呼ばれる人たちの少なくない部分は、戦前右翼からすると「不敬」にあたる。初期のアジア主義者からも「不見識」といわれて糾弾されるだろう。糾弾されるばかりでなく物理的に強訴されるのではないかと思う程である。

ともあれ慣習上の都合から彼らを一緒くたに「右翼」と本書では呼称している。近代日本における原義の右翼とはまるで違う現在の右翼に名前を付けるとしたら何か冠詞が必要であり、やむにやまれずそれを「ネット右翼」などと称するよりほかない。

「ネット右翼」とは何者か

では次に、その「ネット右翼」について説明する。ネット右翼とはネット上で右派的・右傾的発言をする人――、とかいつまんで言えばそうなるが、すでに述べた通り現代右翼の定義自体が異形なものになっているので、ネット上でそのような異形の主張をしている人、とすれば正しいのだろうか。

まずネット右翼には厳然たる上下関係がある。ネット右翼はそれ単独で体系的な右翼知識を持たないので、誰かの理屈に「乗っかる」ことになる。体系的な右翼知識があれば一君万民やアジア主義とはまったく異なる体の右翼にはなっていない。そう考えると、ネット右翼には彼らの主張を強力に後押しする存在が必要であった。

概ねそれは「保守系言論人」とか「右派系言論人」などと言われる人々である。彼らは所謂保守系雑誌などで執筆したり、保守系ネット番組でコメンテーターをしたりする常連たちである。わが国の保守派は永らく『産経新聞』を頂点とし、同社出版の月刊誌『正論』を補助として「サンケイ・正論路線」などと呼ばれる勢力を築き上げてきた。このような「論客」が様々な媒体で発露する言説を、そのままネット上で「簡便な形で」オウム返しするのがネット右翼の実際における定義である。

例えばネット右翼の上位存在である「保守系言論人」とか「右派系言論人」が様々な媒体

で「日本国憲法9条で国が亡ぶ」というと、それがそのまま下位存在であるネット右翼に伝播する。「韓国や中国にいつまで謝り続けるのか」と言えばそっくりそのままネット右翼がオウム返しする。「『朝日新聞』はけしからん、廃刊にせよ」と言えばそのまま、仮に『朝日新聞』を読んでいなくてもその運動に呼応する。政党や政治家への支持も同じで「◎◎議員は愛国政治家なので支持します」と言えば、そのままネット右翼は支持を表明する。「保守系言論人」とか「右派系言論人」が海中を遊弋《ゆうよく》する巨大なエイやクジラだとすれば、その胴体の下部に付き従う無数の小魚たちこそネット右翼なのである。

このように上位存在である「保守系言論人」とか「右派系言論人」が下位のネット右翼に向けて一方通行で言説を流し、それを無批判に受容して拡大再生産するのがネット右翼の最大の特徴である。繰り返すようにネット右翼は独自の理屈とか理論を持つに足りるだけの知識の蓄積を持たないので、上位の「保守系言論人」とか「右派系言論人」の言説に「寄生」するのである。宿主である彼らの主張をネットの中で瀰漫させる存在こそがネット右翼の実相的な定義になるのである。

「保守系言論人」「右派系言論人」の熱心なファン層

むろん、ネット右翼が必ずしもネット空間だけに自閉する訳ではない。彼らの上位存在である「保守系言論人」とか「右派系言論人」が、リアルでの集会やイベント、勉強会を主宰するので、それに参加するという形で街頭に出る。ネット右翼の活動領域は必ずしもネット空間だけではない。それを以て「リアルでも活動しているから、私たちをネット右翼と呼ぶのは間違いだ」という反論があるが、ネット右翼とは上位存在の言説に寄生し、それをそのまま無批判に垂れ流す小魚たちなので、実態として街頭に出ようがリアルのイベントに参集しようが、その依存構造は全く変わらないから私はこれをネット右翼と呼んでいる。

ネット右翼の上位存在である「保守系言論人」とか「右派系言論人」は、すでに述べた通り基本的には「サンケイ・正論路線」の人々であるが、現在において必ずしもそれだけではなく、『正論』の後発である月刊誌『WiLL』、同じく月刊誌『Hanada』、ネット動画では「DHCテレビ（2022年事実上の休止。現在は出演者による後継番組）」「文化人放送局」「日本文化チャンネル桜」などへの常連登場者とほぼ同義となる。ただしこれらの人々は「産経・正論」『WiLL』『Hanada』「DHCテレビ」の中で横断的に複数の媒体に登場する場合が多く、もはやほぼすべてが一体的な勢力であるという事もできる（――勿論この中でも相互に反目する派閥的色合いはあるが、詳述すると膨大になるので除く）。

彼らはほとんどの場合で個人のSNS（ツイッター、Facebookなど）IDを持ち、そこでも短縮版として同じような言説を展開する。現在では彼らは個人でYouTubeチャンネルを開設している場合が少なくない。それらの動画を熱心に視聴し、その内容を無批判に受容・拡散するのがネット右翼である。よってネット右翼は数ある「保守系言論人」とか「右派系言論人」を必ずフォローし、拡散する傾向が極めて強い。彼らに捕捉される人々のフォロワー数は自然と膨大になる。所謂「大御所」クラスになると１００万前後のフォロワーは珍しくなく、「大物」では50万～１００万未満、中堅でも10万～40万、中堅下位でも数万～10万未満というところだ。

つまり彼らネット右翼は「保守系言論人」とか「右派系言論人」の熱心なファンなのであり、と同時に熱心な消費者でもある。「保守系言論人」とか「右派系言論人」はこのような上位関係、ないしファンへの訴求という構造に依拠し、自著を販売したり、自分の知名度を上昇させる宣伝の一翼を担わせたりしている。

彼らの熱心なファンであるネット右翼は、必ずしも彼らの書籍を読み込む必要はない。ファンだからこそ「取り急ぎ購入」して積読していたとしても、ファンである自尊心はむしろ物質的な購買を重視する傾向もあるので特に問題にはならない。第一章で述べた、櫻井よしこの本を大量に購入しつつ、一冊も読んでいないH君の事例もこの典型といえるべきもので、ネット右翼は上位存在である「保守系言論人」とか「右派系言論人」の著作を大量に買う主力購買層を形成するが、実際に読んでいるとは限らない。

なぜならそもそもネット右翼には読書習慣が薄く、その情報取得源のほとんどは動画だからである。どうりで私が右翼時代に幾ら本を書いて、幾ら雑誌に寄稿してもその手ごたえは糠に釘で、ほとんどすべてがネット動画の感想に終始していたのはこれが原因である。「保守系言論人」とか「右派系言論人」が出す本が、出版実績的には概ね好調であっても、それは「ファン買い」の範疇であって購入者がその本を読んでいることとイコールではない。この構造は、まるで神社仏閣での護符とかお守りの購入と似ている。「とりあえず買っておこう。とりあえず持っておこう。そうすれば安心」という心理が強く働くのであり、それを咀《そ》嚼《しゃく》しているわけではない。神社仏閣でお守りを買う人は多いが、そのお守りの布を剝がして内部はどうなっているのかという点検を行う人は極めて少ないのと似ている。

ネット右翼の属性は「下士官」クラス

ではこのようなネット右翼は、実際にはどのような社会的属性を帯びているのか。私が2

０１１年にネット右翼１０２０人を対象に調査したところ、年齢では平均して38・15歳、男女比は75：25で男性が極めて多く、居住地ではその５割が首都圏（東京・神奈川・千葉・埼玉）であり、最も多い職業は①自営業者、自由業者、個人事業者・フリーランス、②私企業や特殊法人における指導的な管理職、③会社員、公務員などで、その６割が「四大卒、大学院修了、又はそれらの中退」という30代後半の同世代にあっては相対的に高い学歴を保有していた。また収入については平均して５００万円程度であり中産階級である（詳細は拙著『ネット右翼の終わり』『ネット右翼の逆襲』を参照のこと）。

とりわけ1位の自営業者、自由業者、個人事業者・フリーランスという属性が注目に値する。現在日本では、約1億人超の成人人口に付き、所謂「サラリーマン」（勤労所得者）は増減はあるものの約90％弱を占める。自営業や個人事業者は、全体の1割強でしかない。ネット右翼の社会的属性でとりわけ特性があるとすれば、彼らの少なくない部分がサラリーマンではなく、独立自営の零細経営や個人事業者であるという事実である。

丸山眞男は戦前の日本型ファシズムを支えた市井《しせい》の人々を中間階級第一類と定義した。日本型ファシズムは軍におけるエリート（高級軍人）、政治家、財閥首脳部などが主導したが、それを支持した市井の民衆にはどのような特徴があるかを考えたとき、丸山は彼らを中間階級第一類と定義したのである。

中間階級第一類とは、自営商工業者、独立自営農民、工場における主任などの管理職、教員、下級官吏、町内会などの地域共同体における役員などの人々をさす。こういった人々が翼賛体制を無批判に受容し、支持していた主力であると丸山は評する。一方、戦前の翼賛体制に懐疑的で戦争に反対する傾向があった市井の人々は、これとは別に中間階級第二類と定義された。これは大学教員やその関係者などのアカデミズム領域、報道関係者、高級官吏などである。

好むと好まざるとにかかわらず、私は自身の調査結果及び第一章で詳述した永い経験により、驚くほどネット右翼が丸山のいう中間階級第一類に酷似していると感じる。中間階級第一類は「社会の下士官」と言い換えることもできる。決してインテリではないが、社会における中産階級（中間階級）で、より生活に密着した領域で指導的立場を形成する。まったく社会情勢に興味が無いわけではなく、全く読書をしないというわけではない。これら社会の下士官が翼賛体制を「縁の下の力持ち」として支えた。このようにネット右翼はエイやクジラの下をついて回る小魚であると同時に、社会属性としては「社会の下士官」として大都市圏において中産的な生活を送っている人々であり、決して貧困層ではない。

■図１　スマートフォンの普及率

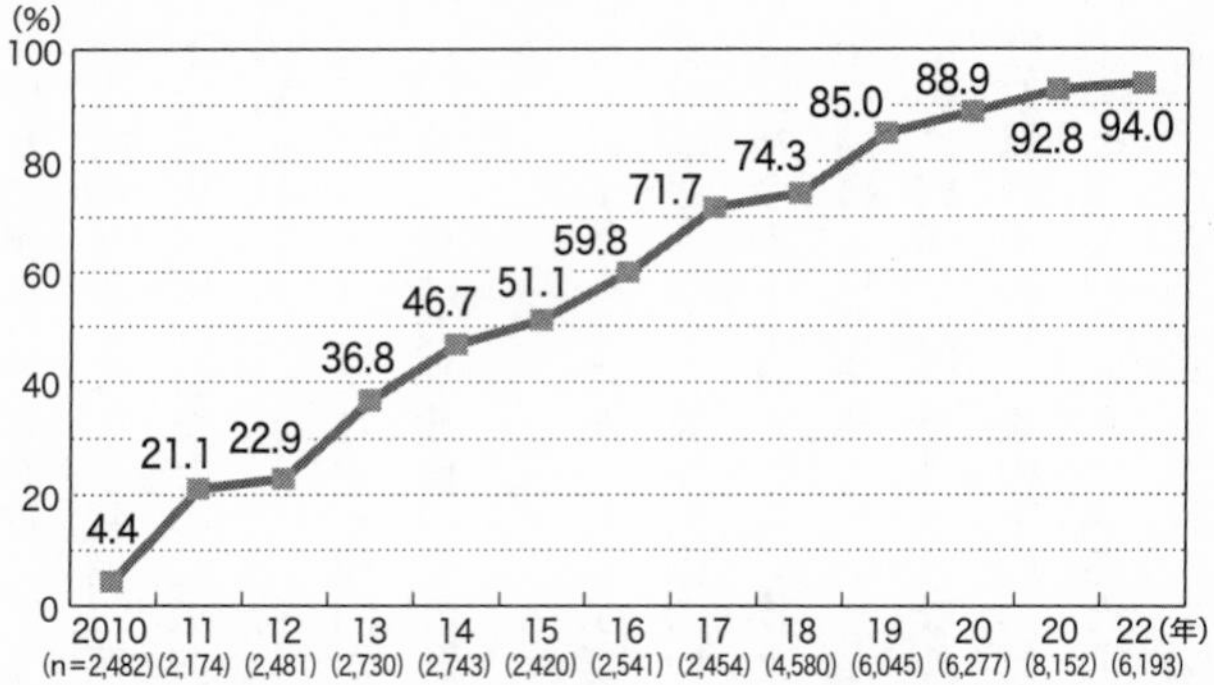

出所）NTTドコモモバイル社会研究所、2010年-2022年一般向けモバイル動向調査

注１：携帯電話所有者が回答。

注２：１台目もしくは２台目にスマートフォン所有と回答した場合をスマートフォン所有として算出。

　２０１１年の前述調査で、ネット右翼の平均年齢を38・15歳としたが、現在彼らがそのまま加齢したとすれば49歳というころになり、ライトシニアの範疇に入ってくる。年齢的には２０１１年の段階で既にアラフォーだが、現在ではアラフィフになっている。

　ただし、２０１１年の調査はネット右翼の年齢属性を必ずしも網羅したものではない。次の第三章で述べるように、この間、ブロードバンドが驚くべき速さで普及し大量のシニアがネットユーザーになったからである。更に特徴的なのは、とりわけこの10年間でのネット環境の激変、スマートフォン（スマホ）の爆発的普及である。

ＮＴＴドコモモバイル社会研究所によれば、２０１０年におけるスマホの普及率は４・４％にすぎなかったが、10年以上を経た２０２２年で94％となり皆普及になっている。当然のことだがスマホは高速でのネット動画視聴が簡便かつ手軽に行えるので、ネット動画視聴に際して極めて大きな便益を供している。２０１１年調査ではこのスマホ使用者をほとんど捕捉できていない。

２０２１年における株式会社ハルメクホールディングスによる55～74歳の女性５２７名を対象にしたスマホ普及率の調査を見ると、シニア女性のみではあるが、２０１１年にスマホ普及率は０％だったが、10年後の２０２１年には92・２％になっている。シニアにおける普及率が０％だった消費財が、10年を経て９割を超える例はほかに存在していない。

よって２０１１年調査はネット右翼の中の比較的若い人々を捉えたとも言え、この後の10年で新規にとりわけスマホを用いたネット動画を介してシニア右翼化した人々の実相を正確にとらえているとはいえず、その年齢偏差の実際はさらに上方に遷移する可能性がある事を付け加えておく。

コラム2　ネット右翼の総人口を見積もる

▽2014年の「次世代の党」に注目

ネット右翼と呼ばれる人々は日本にどのくらい存在するのだろうか。ネット右翼は上位存在である「保守系言論人」とか「右派系言論人」に寄生する存在であるとした。ようするに彼らの主張をオウム返しする熱心なファンこそがネット右翼である。よって彼らの人口を推しはかるには、まず彼らの上位存在がどのような政党や政治家を支持しているのかを観察し、彼らに支持される政党や政治家が、とりわけ国政選挙においてどのくらいの票を得たのかが大きな参考になるといえる。

「保守系言論人」とか「右派系言論人」は一貫して自民党を支持してきた。しかしながら自民党であればなんでも良いのかと言えば違う。自民党の中でも「タカ派的・復古的」とされる清和会に所属する者や、無所属であってもそれに近い政治家を伝統的な支持対象としてきた。彼らからするとハト派とされる保守本流の宏池会や、対中融和姿勢が「強いとされる」旧経世会系は「反日」なのである。またこれとは別に旧民社党（旧社会党右派）出身の個別議員を支持していたりしたが、やはり主力の支持先は自民党である。

しかし自民党清和会に所属する議員（に限らないが）は衆議院で小選挙区を地盤とする者、ブロック比例と重複する者（比例復活）、比例ブロック単独で出馬する者、参議院では選挙区を基盤とする者、全国比例単独の者など様々であり、衆参それぞれの国政選挙で自民党の総得票数は見えるが、ネット右翼以外の支持基盤である職能団体などの票が大きく混ざるため、永らくネット右翼の投票行動が見えづらかった。よって彼らの総数もまた判然としないものだった。

ところが２０１４年衆院選挙で憲政史上初めて、これまで自民党票の中に紛れていたネット右翼の票が「分離」され可視化される事象が起こった。「結いの党（旧みんなの党の一部）」との合流を巡って維新から分派し、結党された新党「次世代の党」である。

次世代の党は党首に平沼赳夫をおき、とりわけ復古主義、右派ナショナリズム、反構造改革路線を標榜して「保守系言論人」とか「右派系言論人」から圧倒的な支持を得た。これまで自民党の中に埋没していた彼らの政治的傾向が、はじめて単独の党の中に収斂されたのである。よってネット右翼もまた次世代の党に対し熱狂的な支持を表明した。同党は

14年衆院選挙においてネット右翼から極めて高い支持を得て、14年の東京都知事選挙に立候補した元航空幕僚長の田母神俊雄を東京12区に立候補させるなどし、同時にネット動画での選挙活動に力を入れ「タブーブタのウタ」などと称して、根拠不明なまま生活保護受給者へのバッシングを行うなどした。

▽141万4919票

結果、次世代の党は党首の平沼、園田博之の2名が地盤である小選挙区で当選したほかは全て落選し、比例ブロックでの当選者もゼロであった。とはいえブロック比例での全ての得票を合わせると141万4919票を獲得した。ここに初めて、ネット右翼の投票行動が自民党などと分離される格好となり数字として現れたのである。

141万4919という次世代の党の数字は、ネット右翼の人口を考えるうえでほぼ全ての基礎になる数字である。有権者総数約1億人に対してのこの数字は、すなわち1・5%程度を示す。この時の衆院選の投票率は全体で52・66%という低いものであった(第二次安倍政権下)。いかにネット右翼が強い政治的主張をオウム返しする存在であっても、彼らの100%が投票所に行ったとは考えにくい。雑駁に考えて2%とするべきである。つまりネット右翼の総人口はこのことから有権者の約２％にあたる２００万人程度と推定されるのである。

次世代の党は14年衆院選挙で壊滅的打撃を被ったために、落選した多くの議員は自民党に復党した。当選した平沼、園田を筆頭に、落選組では杉田水脈らが自民党に移籍して後に国会議員になった。次世代の党は「日本のこころを大切にする党」に党名変更し、中山恭子が党首になって再建を試みたが、多くの人々が党を去って党勢衰微に歯止めがかからず、２０１８年11月を以て解党した。ちなみに中山は夫の成彬とともに２０１７年に希望の党に入党している。

▽２０２２年の参政党

次世代の党は実質的に14年衆院選挙でとりわけ有意な数字を残したものの、参考になる数字としてはこれきりで終わった。これ以外に、ネット右翼の総人口を推し量る国政選挙は無いのだろうか。参議院全国比例が適当である。参院全国比例は非拘束名簿式であり、立候補者個人への投票総数が可視化されるため、とりわけ「保守系言論人」とか「右派系言論人」が支持した全国比例候補が個人名でどの程度を得たのかを合算すれば、14年衆院選挙における次世代の党にならぶネット右翼の人口を類推する大きなデータになる。

２０１６年参院全国比例でのそれは、対象とする候補の得票として青山繁晴48万１８９０、片山さつき39万３３８２、山谷えり子24万９８４４、山田宏14万９８３３、宇都隆史13万７９９３（全て自民、当選）であり総合計では約１４１万３０００票になる。

16年選出の改選である２０２２年参院全国比例では、同じく青山繁晴37万３７８６、片山さつき29万８０９１、山田宏17万５８７１、山谷えり子17万２６４０、宇都隆史10万１８４０（全て自民、宇都のみ落選）であり総合計は約１１２万２０００票であった。

14年衆院選挙を機軸として、概ね後２回の参院全国比例（この時の全国投票率も、14年衆院選挙とほぼ変わらず50％台前半であった）のこのような数字が、ネット右翼の総数が約２００万人であるとする根拠である。ただし参院全国比例は政党名で投票しても構わないため、参院全国比例での個人得票がそのままネット右翼を全て網羅しているとは必ずしも言えないので注意が必要である。

とりわけ２０２２年参議院選挙にはミニ政党「参政党」が政党名で約１３７万票を獲得しており、私は様々な界隈の情勢を総合して判断した結果、このうち約25％程度（４分の１）がネット右翼であると考えているので、先に挙げた22年の１１２万に対し「１３７万

×0・25＝34・25万」をプラスすると約146万票となる。毎回取り決めたかのようにネット右翼によると思われる投票数が140万前後で可視化されているので、彼らの総数はやはり約200万（有権者人口の約2％）という説を私は強く唱えている。

彼らが増えれば当然こういった数字は増加するし、減少すれば逆の展開になる。が、一貫して「保守系言論人」とか「右派系言論人」が強力に支持し、彼らの寡占するネットメディアや雑誌、媒体などで強く支持を訴える政治家や政党の得票はこのように140万程度で推移している。この数字を追っていけば、必然的にそれはネット右翼の総人口とニアリーイコールになる。今後も大きな増減は無く推移すると思われる。

▽政治的にはマイノリティだが……

ネット右翼人口が200万であるとして、その数字をどう評価すればよいのか。確かに例えば参院全国比例での政党得票数と比べると、日本共産党の約361万8000票に比べれば約5割強、社会民主党の約125万8000票に対しては約1・6倍である。物凄く大きくは無いが、たいへん少ないという事もできない微妙な数字である。しかしやはり彼らは政治的にはマイノリティである。

このようなマイノリティであるネット右翼が、ネット空間で強い影響を持つことにより、プロローグで述べた通りメディアの姿勢が萎縮するならば、あってはならないことである。ネット右翼の主張を無視しろと言っているわけではないが、圧倒的多数、98%の有権者はネット右翼ではないので、特定のマイノリティの意見に寄り添ったり、忖度したりするという姿勢がもしあるのであればそれは「政治的偏向」であり、放送法が定めた政治的中立性を毀損するものである。ネット右翼を過小評価してはならないが、過大評価してもならない。

例えば100人の利用客のうち、たった2人からクレームがあったことを以て、サービスを大きく変更する経営者は端的に述べて適正な感覚を有していない。もちろん、民主主義の合意形成プロセスと営利企業の顧客構造はイコールではない。が、民主主義の合意形成プロセスに大きな影響を与えるメディアは、公共性を担保しつつも東証に株式を上場し、株式を公開している営利企業が多い。

であるなら、当然2%の人々に過度に配慮したり影響を受けたりすることに正当性は無いが、彼らの多くはそもそもこういった数字的根拠を知らない。仮に知っていたとしても日々の業務に忙殺される中、仮に200万人のうちの更に2%である4万人から一斉に抗議が来ようものなら現場がたちまちマヒするので、その「声」に抗えないか、最初から彼らから抗議の来ない方向へと事前に内容を「調整」し予防する。これは極めて不健全である。あくまでも数字的根拠を以て客観的に評価するべきである。残りの98人、すなわち98％の人々こそがサイレントマジョリティであり、彼らこそが所謂「優良顧客」の根幹をなすのは言うまでもない。

第三章　右傾の門戸——ネットの波に遅れて乗ってきた人々

——報復に燃えるタオ青年に対し、朝鮮戦争で従軍した経験を持つコワルスキー老人の言。

コワルスキー「人を殺す気持ちを知りたいんだろ。最悪だ。もっとひどいのは、降参するあわれな子どもを殺して勲章をもらうことだ。それがすべてだ。おまえくらいの年のおびえたガキさ。ずっとむかし、おまえがさっき持ったライフルで、ガキの顔を撃った。そのことを考えない日はない。おまえにそんな風になって欲しくない」

（『グラン・トリノ』Ｃ・イーストウッド監督、２００８年）

きっかけはYouTube

第一章で述べたような、私の右翼時代でさまざまに邂逅したシニアたちがシニア右翼になったきっかけとはなにか？　この疑問に対して解説をすると、絶対的な共通項が一つある。彼らが普通のシニアからシニア右翼になったその最初の入り口は、ほとんどすべてが「動画」である。必ずその門戸は口を揃えたようにネット動画なのである。

インターネットインフラの整備と言った技術的な側面は、いみじくもシニア右翼の勃興と完全に重なっている。本章ではシニアがシニア右翼になった直接的ツール、つまりネット動画が日本のインターネット史の中でどのように普遍的なものになっていったのかを考えることによって、シニア右翼の成り立ちをひもといていく。

ゼロ年代中盤から、正確には２００７年にアメリカからYouTubeが上陸した。そのほんの少し前からニコニコ動画とUstreamというライブ動画サービス（Ustreamは後にサービス休止）があったが、圧倒的大多数の右翼への門戸はYouTube動画だった。このYouTubeに組織的に、かつ営利で大量の右傾番組を投稿した初めての株式会社がチャンネル桜だったのである。

もちろん、彼らシニアの中には伝統的な保守雑誌『正論』や、当時後発ながら勢いのあった『WiLL』を読んでいた読者も含まれていたが少数だった。少数というより部数的に推察しても多少なりとも一定程度は存在したのだが、ほとんどのシニアはこういった雑誌を買うだけで中身をほとんど読んだ形跡が無かった。というのも私はこの時期に『正論』（正確には『別冊正論』）にも『WiLL』にも定期的に寄稿する常連だったが彼らからまるで反応は無く、私に寄せられる好意的な反応の99％はYouTubeを観た、というものだった。

彼らにとってこういった保守系論壇誌を買うのはほとんどファッション的所作で、半ば「ファン買い」というものだった。アイドルのCDやDVDを同じ種類何十枚も買う人に似ている。では書籍の方はどうかというとこれもほとんど無反応だった。私が本を出しても、買う人は少なくはなかったが中身を熟読して感想を述べる者はほぼ皆無で、私の本の概要をYouTubeで語った番組を観るだけの者がやはり99％近くだった。所謂「積読」である。私の本を最も熱心に、何十本も付箋を付けて感想を述べた唯一の人は『朝日新聞』の記者だった。

ただのシニアたちがシニア右翼になる門戸は、なぜ圧倒的にYouTubeだったのだろうか。現在60歳還暦のシニア右翼は、私の右翼時代――すなわち２０１０年代前半――は50歳前後である。さらに逆算すると西暦２００１年には彼らの年齢は40歳前後である。逆に現在70歳ならば彼らはその時50歳だった。2001年は私が大学1年生になった年で、当時私は18歳だった。彼らと私には少なくとも20歳強、ないし30歳以上のタイムラグがある。疑問の答えは世代偏差がもたらしたインターネットへの接触履歴にある。

パソコン通信からインターネットへ

インターネットはもともと軍事技術の転用であった、という細かい歴史は省くがこの国におけるる本格的普及のはじまりは、1990年代中盤であった。内閣府の調査によると、1997年末のインターネットの人口普及率はわずかに約9・2%で、利用者数は約1155万人だった。当時の日本の総人口は現在とほぼ変わらないとみてよいから、如何に普及率が低かったのかがわかる。

この数字が劇的に上昇していくのは21世紀、つまり2001年からだ。同年の普及率は46・3%で利用者数5593万人。普及率が70%を突破したのは2005年で、その後順調に小幅増が続き現在ではその数字は90%、利用人口は優に1億人を超える。赤ん坊や2歳児はネットを利用しないのでこの割合は正に国民皆ネットが達成されていると言える。

1990年代中盤におけるインターネット普及の前段階としてパソコン通信があった。パソコン通信はイントラネット（内部通信サービス）であり、世界に開かれたwwwではなく、会員同士のみのやり取りであり、最大級のサービス提供会社はニフティとPC-VANだった。ニフティは１９８７年にサービスを開始した老舗で、１９９５年の時点でその会員数は前記二社計で４００万人を超え、１９９６年にはすべてのパソコン通信利用総人口は５７０万人に達した。

この当時パソコン通信を利用する人々は基本的に定期的な収入を持つ中産階級以上で、新しいサービスに敏感である高感度の人々であった。なぜならパソコン通信には当然だが家庭用のパーソナルコンピューターが必要で、この時代の平均的なデスクトップパソコンの値段はおおよそ30万～40万円と、現在よりはるかに高価であった。それとは別に当然のことパソコン通信サービス提供社への会費が発生する。よってパソコン普及率は世帯において10％強しかなかった。

パソコン通信は、感度の高い中産階級以上向けのいわば趣味的な内部サービスだったのである。この時代にパソコン通信を利用できる人々は、その所得階層からして若年下位層ではなく中年層であった。

１９９１年に作家の筒井康隆はパソコン通信のＢＢＳ（電子掲示板）での読者との応酬を

もとに長編小説『朝のガスパール』を著したが、このとき筒井は57歳である。応酬した読者の側は筒井より若い場合もあったが、総じて中年層だった。極めて先進的な創作実験である。このような高感度の人々は、後に大量に登場するシニア右翼とは完全に別物であり、すぐに勃興してきたインターネットに移行することとなった。いわばこの時代のパソコン通信利用者が、本当の意味での「デジタルネイティブ」の走りであったのかもしれない。

1995年前後に、パソコン通信に取って代わる形でインターネットが普及しだした。当時私は札幌市内の平凡な公立中学校の1年というところだったが、40人学級のうち家庭にネット環境がある者は2人程度だった。率でいえば5％にすぎない。学校のパソコン教室（当時は情報処理室と呼んでいた）はネットに未接続で、当時の文部省から指示された（のだろう）形式的PC授業があったが「パソコン画面に三角形を描いてみよう」などという意味をなさない「教育」が行われていた。そもそも常設されたPCはウィンドウズ搭載機ではなくPC-98というお粗末なもので、生徒二人に対して1台の配分だった。紙に三角形を手書きした方が100倍早かった。学校の教員はワープロソフト「一太郎」を使って学級通信を作っていた。

それからわずか2、3年の後、すなわち私が高校1年になった1998年にはネット普及率は1割を超え、公民館や図書館でネットが無料で使えるのが当たり前になった。私の家にネットが導入されたのも同年末ごろであるから、皮膚感覚としてはこれくらいである。ようやくこの時期になって、ネット利用は若年層でも手に届くという感じになってきた。

ネットは普及当初、文字の世界だった

1997～98年のネット環境は現在とは比較にならないくらい劣悪であった。当時、日本ではNTT東西が半ば国策としてデジタル回線＝ISDNを普及させようと様々な販促を行っていたが、それでもまだかなりの部分はアナログ回線、つまり家の壁にある電話線から有線をパソコンに引っ張ってくる原始的なものだった。

このアナログ回線は普通の電話線を使うため、通信速度は最大で56kbps（以下、全て下り速度）だったが、これはあくまで理論値でありNTTの基地局から自宅が遠くなればなるほど距離に反比例して電気抵抗に遭うため速度は減退した。実際には20kbpsというのもザラであった。この速度の劣化が発生しないのがデジタル回線のISDNであり、こちらは基本的に64kbpsだった（とは言え実際には50kbpsくらいだった）。現在の光ファイバーからすれば、「故障か？」と間違うような劣悪低速な通信環境である。

当時の私の記憶では少なくともＮＴＴ東日本の電話料金は３分10円であり、ネットに接続すればその時間がそのまま電話料金として請求（従量課金）され、気が付くととてつもない金額になったりした。よってＮＴＴ東西は「テレホーダイ」というサービスを１９９５年８月から開始した。これは深夜11時から翌朝８時までの指定番号（この指定番号はプロバイダーの電話番号になる）への電話料を概ね１８００円から９２００円の間で定額にするというもので、この時間帯を見計らってパソコンの前で待機し、時間になると一斉に接続する（混雑を避けるために従量課金を承知で数分〜数十分前から接続する裏技もあった）、所謂「テレホタイム」「テレホ待機」がネットユーザーの間では常道になった。

仮に通信速度を64 kbpsとしても、一枚の画像をブラウザ上に読み込むのに数分ないし数十分かかった。ましてや動画などの再生は至難の業で、事実上不可能であった（そもそも簡便で廉価な家庭用デジタルハンディカムが普及していない）。

よってこの初期におけるネットの世界では、文字情報の閲覧と交換が主力になった。それはチャットと、いわばゼロ年代前半まで隆盛する「テキストサイト」の登場である。この時期、正確には１９９９年に誕生したのが基本的に文字情報からなる「２ちゃんねる」をはじめとする巨大掲示板群であり、画像を使わず文字だけで図表を表現するアスキーアート（Ａ

A）文化が隆盛したのだった。

私が何を言いたいのかと言えば、ネットは当初文字を主力とした新技術であり、閲覧者やサイト制作者には文章読解力と文章構成力がそれなりの水準で求められる世界だったということだ。そして現在に比べれば目を覆うほどの低速度だったために、ネットは基本的に不便でその環境の導入や接続は手間がかかり、少なからずPC基礎知識が必要なものである、という共通理解が形成された。現代のように街中やホテルや喫茶店にWi-Fiが飛ぶ時代ではなかった。というかWi-Fiなどという概念自体、想像もしなかった。

またテレホーダイの登場により、比較的安価にネット接続が行えるようになり、かつ家庭用パソコン自体の価格が大きく下がると、とりわけアクティブな利用者は若年層や学生が主力となった。なぜなら、定額接続時間帯は深夜から早朝に限られ、翌日に勤務がある勤労者世代は利用しづらいからである。このようにネット利用者＝若者の図式は１９９０年代中盤から２０００年頃にかけて強く形成されたのである。

２００１年に私が大学生になり京都で一人暮らしを始めると、まず真っ先に着手したのがプロバイダーとの契約で、月額２５００円くらいだった。それにプラスしてＮＴＴ西日本に支払う基本料金があり、合計で７５００円ぐらいになって大学生にとってはなかなかの負担だった。それでもこの頃になると電話加入権というものが事実上廃止されて、月額基本料金に数百円程度を上乗せするプラン（ライトプラン）が存在したため、私個人としてはこの年から誰に気兼ねすることなく本格的ネット生活が開始できたのである。

ケータイ第一世代はネットの情報を警戒していた

１９９０年代中盤から２０００年頃にネット環境の洗礼を受けた世代は、同時に携帯電話の第一世代でもある。私より年上の世代にはポケベル文化というのがあったが、逆に私の世代（１９８２年前後生まれ）はポケベルの隆盛はあっという間に終わりほとんど記憶に無く、ＰＨＳが勃興してすぐさま携帯電話が普及した。私が両親にせがんで携帯電話を持つようになったのは１９９８年で高校1年だった。加入したのはＪ－フォンで後のソフトバンクである。

このころには40人のクラスのうち約8割が携帯かＰＨＳを個人所有していた。ＮＴＴドコモの「ｉモード」が提供開始されたのが翌１９９９年2月だったが、「ｉモードの通信費のために援助交際までする女子高生」みたいなクラスメイトは私の周りには皆無だった。

当時の携帯電話からのネット接続はこれまたほぼ全てが文字情報で、メールの送信に2円、受信に1・5円みたいな現在では信じられない従量課金の世界で、着メロのダウンロードにいちいち数十円かかった。今からしてみれば単調な機械音をダウンロードするのに数十円とは言え払うのは馬鹿げていると思うが、それが当たり前だった。私たちの世代は、つまりこのようなネットや携帯電話といった新技術の勃興と共に多感な青春時代を送り、そういった新技術を極めて積極的かつ本格的に受容した第一世代でもあり、それでいてこれらの新技術がいかに不便で、いかに不完全であるかも知っている世代だった。

1999年のことだっただろうか、高校2年の私は級友のK君の家に遊びに行った。K君の家はISDNを導入しておりネット環境としては恵まれていた。そこで4人対戦の通信麻雀をやったのだが、そこに私と同席したS君がユーザーチャット内で所謂「荒らし」発言(発言の内容は忘れた)をしたため、対戦相手のユーザーからプロバイダーに「荒らし」を通報され、危うくまきこまれ事故でK君は退会処分を食らう寸前になった(結局プロバイダーからの警告のみで事なきを得た)。

現在から考えると大したことのないいたずら的発言だったのだろうが、ネット上で顔も知らぬ他人を揶揄したり、嘲笑したりする行為は常に通報されるリスクがあるということを学んだ。当時日本のネット普及率は劇的に増加していたがそれでも20%程度で、ひとつのプロバイダーの会員数もたかが知れていた。ネット上での「やらかし」についての対処は現在よりもはるかに厳しかった。現在ではこんな時代など無かったことになり、誹謗中傷や侮辱、ヘイトの洪水であることを考えると隔世の感がある。

電話線をパソコンにつなぎ、プロバイダーのソフトウェアを立ち上げてネット接続するまで「ピーピーゴロゴロー」という機械音が流れるダイヤルアップの時代は、極めて不便で不確実だった。そもそも接続できず、できても途中でダウンすることは当たり前だった。

1999年5月に『2ちゃんねる』が開設されたが、基本的にその内容は都市伝説、エロ、犯罪的なもので溢れており到底信用に足るものではないという認識だった。

私たちの世代は現在学校でITメディア・リテラシー教育が施されるはるか以前の無法地帯の時代からネットを使ってきたから、ネット上に書いてある文字列の90%がウソで、9%が真偽不明で、残りの1%が真実であればラッキーという感覚が抜けていない。ネットに書いてある情報をそのまま信じるのは馬鹿だ、という共通認識が根底にある。まして自分や第三者の本名をネットに書き込んだり、住所を書く（晒す）という行為がどれほど危険な自殺行為かを知っている。

だからこの時代に青春時代を迎えネットを利用していた圧倒的大多数はその後、2004

年に「MIXI」のサービスが始まっても本名を記入するのに極めて抵抗があり、皆固有のハンドルネーム（コテハン）を有しており、複数使い分ける場合がほとんどだった。ちなみに当時の私のハンドルネームは「松代大本営」だった。

ネット上のフォームにクレジットカードの番号を入力したり、金銭の授受を行うのは最も愚行とされた。だから2000年に佐川急便が代金引換商品に対しクレジットカード決済が利用できる「e－コレクト」サービスを開始したのは革命的であり、逆に「e－コレクト」の登場まで日本の電子商取引があまり普及しなかったのは、私たちの世代を中心にネットユーザーのアクティブな人々にネットを介した財やサービスのやり取りそのものへの根源的不信感があったからである。

当然それは詐欺や詐欺まがいの温床であるという警戒感があったからだ。そう私たちの世代はネットを存分に利用しつつ、と同時に最大限の警戒をしていた。なぜならネットはそもそも通信速度が極めて遅く情報量が事実上制約されており、なおかつ文字情報が主力だったからだ。文字であれば嘘や誇張をいくらでも簡単に書くことができる。こうした私たち世代の警戒はしかし、ネット人口が拡大するにつれ徐々に覆されていく。

ゼロ年代、一気にブロードバンド大国へ

大きな転機は21世紀最初の年、つまり2001年9月のことだった。ヤフー!BB（ソフトバンク）がADSL（非対称デジタル加入者回線）事業を開始し、ADSLの価格競争に参入したのだった。そして日本各地の街頭でADSLモデムを無料配布して大規模な販促をも開始したのである。

すでに述べた通り、それまで日本のネット環境はISDNの64kbpsとテレホーダイの組み合わせがベストエフォートだった。とはいえ、それよりはるかに高速なCATV（ケーブルテレビ）回線を使ったCATVサービスもあったが、提供地域が限られており金額も高額で到底庶民向けではなかった。

このヤフー!BBによるADSLサービスの開始は日本ネット史上、特筆すべき分水嶺である。もれなく私も当時京都の阪急電鉄西院駅前で配られていたヤフー!BBのモデムをタダでもらい、アパートに帰るや申し込み手続きを行った。開通までに2ヵ月はかからなかったと記憶しているが、その速さに椅子から転げ落ちるほど仰天した。

現在では計測する必要もないほど速いのであまり利用されていないが、ブラウザ上に自宅の通信速度を測るサイトがある。それを使ったところ、アナログなのでやや減衰はあるもの

のほぼ宣伝文句（当時公称では最大8Mbps）の期待通り「1・2Mbps」と出た。私はこの驚異的な通信速度を今でも覚えている。1・2Mbpsとはつまり1228・8kbpsである。ISDNの最大理論値の実に19倍の通信速度である。三輪車からクラウンのような高級車に乗り換えた気分になった。

私たちはヤフー！BBのお陰で鈍足で不便なネット環境から抜け出すことができた。1枚の画像をほぼ瞬時に（特別に重くない限り）表示できるようになったのは、ほぼ全てヤフー！BBの功績であるといってよい。しかもヤフー！BBは24時間常時定額接続で月額料金はなんと2280円（税込・当時）という驚異的な安さも大きな売りとなった。NTTの基本料金を含めても、場合によるがおおよそ6000円台程度に収まる。若年層にとっては嬉しい料金だった。

ヤフー！BBはソフトバンクの目論見の通り、それまでの低速回線に不満を持ったユーザーから爆発的に支持され、総務省の予想をはるかに超えるスピードで普及し日本のネット環境の改善に大きく貢献した。通信速度の関係でアスキーアートに頼らざるを得なかった文化は陳腐化し、ダイレクトな画像表示が主流になった。アスキーアートを綺麗に制作できる人を「AA職人」などと言ったが、本当の意味で伝統職人の域になった。

ヤフー！BB以前まで日本は、ネット環境（速度・価格・普及率）において韓国、台湾、香港、シンガポールの後塵を拝するとされてきたが一気に逆転した。いよいよ日本でブロードバンド環境が爆発的に浸透したのである。

1Mbps の速度があれば画像はもとより、簡便な動画の再生にはそれほどストレスは感じない（現在では光ファイバーに慣れてしまったので、この感覚の再現は不可能だろう）。しかしコンテンツの方はまだ未整備であった。つまり快適な通信インフラに適した大きなデータ量を使用するコンテンツ自体がまだあまりなく、ゼロ年代中盤前後まではしばらくテキストサイトの時代が続く。

西暦2005年には前述のとおりネット普及率は70％を超え、ネット利用人口は8500万人を超えるに至った。この中でブロードバンド普及率は2000年にわずか6・9％だったものが、たった4年後の2004年には62・0％まで激増し、2006年には67・9％となった（総務省『情報通信白書』）。

日本はこの時期に、世界的にもトップのブロードバンド大国に成長した。全部とは言わないがやはりヤフー！BBの功績が大である。2021年現在、日本のブロードバンド普及率は利用可能世帯率について93・6％（日本のほぼ全世帯利用可能）、世帯普及率は93％に達する。この事実は国際比較について後述する。

YouTube無料公開で躍進した右派番組

動画視聴のインフラが整うや、２００５年にアメリカで創業したYouTubeが２００７年６月に日本に上陸した。ドワンゴ社によるニコニコ動画はそれよりわずかに早くサービスを開始したがほぼ同時期である。動画視聴インフラがほぼ完全に整備された２００７年当時、YouTubeは当初「便利な外部ＨＤＤ」として機能した。つまりサービス開始当初のYouTubeは現在のように投稿する動画のユーザー属性条件や制約などが無く、違法にアップロードされたアニメやドラマ動画が横行した。

つまり動画をローカル（自分のパソコン内部）に保存するのではなく、あたかもYouTubeを外部ハードディスクとして使う方法が瀰漫した。ニコニコ動画では早くからこのような違法動画が削除されたが、YouTubeはアメリカ企業ということもありこの部分は緩かった。勿論現在ではこの手の違法動画はすぐに削除されるが、当時はこのような状況であった。現在のように独自の動画を投稿して収益化を行うユーチューバーが登場するとは、想像だにできなかった。

ここまで長らくネット環境の普及史を説明してきたが、本書の冒頭に掲げたテーマに戻ろう。

ではこのYouTubeと政治的右傾はどのように結びついたのか。それは前述のとおり間違いなく日本文化チャンネル桜が起爆剤となった。同局は２００４年にCS放送局としてスタートし、放送時間を買い上げる形で独自の右派系番組をCS枠で放送していたが、YouTubeが日本に上陸するや早くも２００９年には、CSで放送した番組のほぼすべてをYouTubeに投稿（転載）するという、当時としては革命的な手法を採用した初めての株式会社だった。

自社制作番組なので著作権に何ら問題は無い。自社制作の右派番組を無料のYouTubeでほぼすべて公開するという企業はこの当時存在しなかったので、日本文化チャンネル桜のユーザーはビッグバンのように爆発的に増えた。同局は当然同じ転載をニコニコ動画でも行う。

この手法が大当たりした。当時、政治的内容の動画で再生回数が1万を超えるものなど僅かだったが、同局の動画進出により、一挙にその動画は政治カテゴリーで不動の1位を獲得し、政治的右傾番組の領域で完全な寡占者となり天下を取った。２０１０年頃に私が関係者に聞いた話では、1ヵ月あたりの動画再生総数はYouTubeに限っただけでも累計５００万回を突破していたという。ニコニコ動画を含めると、その数はもっと膨大になる。ユーチューバーが当たり前になった現在、1ヵ月500万という数字は極端に膨大な数ではないが、12年前でこの数字は壮挙ともいえた。

しかも2008年の翌年には自民党が下野し、3年3ヵ月の民主党政権時代が幕を開ける。民主党に不満を持った右派層がそのよりどころを求めてチャンネル桜の動画群に殺到したのが、ちょうどネット右翼の黄金時代の幕開けと同期する。チャンネル桜の傘下である政治団体Aが動画中で集会やイベントを告知するだけで全国から2000人とか8000人がたった1日のために平気で集まるようになった。

音楽業界やイベント会社が総力を挙げて行った、コロナ禍におけるフジロックの延べ来場者数が約3万5000人である（2021年）ことを考えると、その集客力のすさまじさがわかる。このような抜群の動員を誇ったチャンネル桜躍進の原動力は完全に動画の力であった。動画を見て知りました、YouTubeを観てきました、というシニアが圧倒的大多数だった理由がお判りいただけたと思う。

動画に進出する以前のチャンネル桜の視聴者数は、CS放送の受信機を設置した視聴可能世帯のみが対象だったので、多くて2万人程度らしかった。動画進出によってその数は延べ

500万人となり、これは元来が仮に延べ5万人だったとしても実に100倍の大躍進である。しかもそれはたった1、2年程度で達成されたのだ。YouTubeを筆頭とした動画の力でこれだけその勢力を拡大した政治的右傾団体は、日本史上チャンネル桜をおいてほかにないのではないか。

シニアのネット利用者は爆発的に増加した

ではなぜチャンネル桜の動画はシニアに強く訴求したのだろうか。なぜ若年層ではなくシニアがチャンネル桜の右傾動画に殺到したのだろうか。イデオロギー的な部分は次章に譲るとして、これはシニアのネット接触履歴が濃密に関係している。既に見てきた通り、80年代後半から90年代中盤にかけてのパソコン通信の時代、そのインフラを享受できるものは中産階級以上で高感度の中高年であった。しかし時代がネットに取って代わられ、2001年から爆発的にブロードバンドが普及する前夜くらいまで、その年齢層は下方に拡大し続けた。この時代、ネットは確実に若年層が主体だった。

デジタルデバイド（ディバイドとも）という言葉が90年代後半からゼロ年代初頭にかけて吹聴された。デバイドとは格差の意味で、世代によってデジタル＝ネットツール等への接触や利用状況に格差があるという意味である。ヤフー！ＢＢがＡＤＳＬの提供を開始した西暦２００1年、日本のインターネット普及率は46・３％だったことはすでに述べた。しかし世代間別の普及率を見ると、まさに格差としか言いようのない壁が存在した。

２００２年の『情報通信白書』によると、２００１年末の世代別ネット利用率は20～29歳の若者で68・５％、30歳～39歳で68・４％だったのに対し、50～59歳で36・８％、60歳以上ではたった10・７％に過ぎない。ネット空間は圧倒的に現在よりも若い人々が主力だった。

この時代、ネット利用＝若者という構図は間違いではない。90年代初頭にパソコン通信をやっていたユーザーがそのままネットに移行したとして、その当時40歳だった人々はこの時おおむね50代になり、この36・８％の中に収まっていると思われる。それでも全体的にシニアのネット利用は極めて低く、若年層の利用率の高さが全体を牽引していたという状況である。

この数字がどう変化するか。同じく『情報通信白書』によれば、２００8年における世代別ネット利用率は20～29歳の若者で96・３％、30～39歳で95・７％とほぼ皆利用である。そして50～59歳で82・２％、60～64歳で63・４％、65～69歳で37・６％、70～79歳で27・７％。シニアのネット利用率が劇的に増加している。

２０１９年になると、20代99％、30代99％、40代98％、50代97％、60代90％、70代74％、80代以上57％になり現在に至る。世代別の格差はほとんど見られなくなり、いまやデジタルデバイドという単語自体、国内の世代間格差を示す言葉ではなくなり、先進国と発展途上国の間でのデジタル接触格差を指す意味が強くなっている。

この数字からわかることは１９９０年代中盤からのネット利用は若年層から始まったが、２００１年から２００８年くらいまでの期間、シニアのネット利用者が爆発的に増加したということである。

この時代はブロードバンドの普及と見事に重なっている。それまで煩雑だったネット接続が簡素化され、高速度のブロードバンドが整備された時代以降、つまりゼロ年代の中盤以降に、「新しいネットユーザー」としてシニアがネットの世界に大量に流れ込んだのである。

シニア層はネットの危険性への免疫がない

21世紀最初の年、２００１年に60歳だった人は１００人中、わずか１人がネットを利用していればよい方であった。彼らがそのまま加齢して２０２２年になった現在、その人は80歳もしくは81歳になっている。この20年で彼らの世代のネット利用率は実に60倍に増えた。

死亡者を勘案する必要があるが、現在80歳以上の人口は約１２０５万６０００人である。雑駁に言って彼らのネット利用人口は、２００1年に１２０６万×０・００７＝８万４００0となり8万４０００人だった。それが現在、１２０６万×０・５７＝６８７万４０００となり６８７万４０００人である。この20年間でこの年代だけに限っても６７９万人もネット利用者が「新規」に増えた計算になる（繰り返すが死亡者を含んでいないので、実際はもっと多くなる）。

ちなみに現在50代の総人口は約１７１９万人、60代は約１５１９万人、70代は約１６３７万人である。つまり50～70代で４８７５万人弱の総人口を有するが、このうちの80％が21世紀以降にネットに参入したと仮定するとその数は３９００万人。これに80歳以上の約６７９万人を足すと優に４５００万人を超える。４５００万人はウクライナやスペインの総人口とほぼ同じである。

この４５００万人は過去20年間のいずれかの時期にネット利用者になったと考えるのが自然だが、それらはほぼすべてブロードバンド時代にネットに参入してきた後発組である。これだけの巨大なシニア層の塊が新しくネットユーザーになったのが、21世紀におけるブロードバンド時代のネット空間の実相だ。

彼らはダイヤルアップを知らず、テレホーダイの不自由さを知らず、ネットがいかに不確実であり、その内容のほとんどがウソかもしれず、よって基本的にネットに書かれていたり言われたりしていることは疑ってかかるべきだ、という1990年代中盤以降の私たちの常識を共有していない。

かつて「ネットは便所の落書きである」と言い放った漫画家がいた。流石に便所の落書きとまでは言わないものの、当たらずといえども遠からずである。ネットは基本的に都市伝説やデマやエログロや脱法的情報が瀰漫しており、その文脈をどこか一歩引き俯瞰的に見て楽しむ文章読解力が必要であり、そういったリテラシーは学校や政府に教育されたものではなかった。

それは上からの指導ではなく、ユーザーとしての試行錯誤すなわち経験の蓄積によって涵《かん》養《よう》されてきた。1990年代中盤から20世紀末にかけて、ネット普及率が20％未満だった時代に青春時代を送った私たちの世代は、ネットの通信速度の驚異的進化と共にネットに恒常的に触れ、それに従って徐々に高度化するネットコンテンツにつぶさに触れることで時代に即応してきた。通信速度が飛躍的に向上してもネットをうのみにする奴は馬鹿で、ネット空間にはどこか胡散臭いものがあるという前提は、技術が進歩しても根底では共有している。

掲示板群にせよ出会い系にせよテキストサイトにせよYouTube動画にせよ、その初期においてはほとんどが未熟で不完全で頼りないものだったからだ。そしてだからこそ楽しい部分があり開拓の余地があるという経験を実体験として有しているからである。ところが２００１年以降のブロードバンド時代から新規にネット利用者になったシニアには、このような共有が乏しい。

初めてネットに触れた時代ですでに高速回線が整備されており、何のストレスもなく画像が表示され動画が再生される。ダイヤルアップのストレスを経験していない彼らは、ネットは万能で素晴らしいもので信頼に足る媒体であると思っている。前世紀末からゼロ年代前半にかけてネット掲示板が数々の犯罪予告の巣窟になった事件簿を彼らは実体験として知らない。要するに21世紀以降にネットに参入してきた後発のシニアは、ネットの危うさや脆さについての体験を持たず、その危険性について免疫が薄弱である。原体験の無さはリテラシーの低さと相関する。

いきなり初手の段階で快適な動画再生ができる環境から、彼らのネット体験は始まっている。シニアは社会経験について相対的に豊富と思われるが、ネット上ではドン・コルレオーネではなくソニーになってしまう逆転現象が起こるのはそのためである。とりわけネット動画は高速回線のインフラ整備が先行した後に普及し発展した。ニコニコ動画については2007年にニコニコ生放送の機能が実装されたが、「生主《なまぬし》」と呼ばれる生放送配信者の中には性行為や犯罪を実況したりして警察に摘発され事件化するといった「何でもあり」のカオス状況だった時期がある。

この不完全で危うい時代をリアルタイムで知らなければ、クリックひとつで再生できる動画をうのみにし、そこにある種の万能を感じてしまうのは当然の成り行きと言える。たまさか大量の組織立った右傾番組が投稿されれば、いかにその内容が偏っていたとしてもそれを批判的にとらえず、喜んで受容するのも自然と言えるかもしれない。

もはやネットユーザーの主力はシニア

全ての技術革新は人を鈍感にさせる。例えば私たちは身体的適性を度外視したとしても、宇宙旅行をするツアーに気軽に参加することをいささか躊躇するだろう。チャレンジャーやアトランティスの大事故を知っているから、宇宙旅行には生命に関わる大事故のリスクが常に伴うという恐れを共有しているからだ（――それ以前に、事故のリスクを諒解する誓約書にサインを書かされるだろうが）。しかし宇宙旅行が現代の地下鉄移動と同じく何の心配も無しに快適に遂行されるであろう２００年後の子孫には、そういった恐れは無くなるのではないか。最初から安全で快適な環境しか知らない人々は、対象に対して疑いや危うさを感じなくなる。ネット動画にシニアが群がるのも、これと似ている。

私たちの世代はネットという新技術に極めて能動的に接触したが、その内容をそのまま信じたのではない。ネット動画の快適な視聴とは技術革新の結果に過ぎず、それと動画の内容を信用するかどうかは別問題である。

不便と未熟を併せ持って進化してきた１９９０年代中盤以降のネットの危うさに、私たち世代は触れた時期が長かった。それゆえ批判的な目線が養われた。シニアにはそれが欠落している。私たちはネットのフォームに自分の本名とクレジットカード番号を入力するのに抵抗がなくなるまで10年はかかった。しかしシニアはどうだろうか。

ＳＳＬというセキュリティ技術で保護された買い物かごに個人情報を記載することに躊躇が薄いのではないか。ＳＳＬとて最初は多くのユーザーから偏見を含んで眉唾物とされた。だから現物と交換する佐川急便の「ｅ－コレクト」が登場して初めてネット通販でクレジット決済が普及したのである。初期のネット通販にはまず初めに「ＳＳＬで保護されている当サイトはこんなに安全なのです」という趣旨の但し書きが必ず大きく書いてあった。裏を返せばネットは根源的に危険物である、という感覚を当時のユーザーのほとんどが持っていたからだ。

もはやネットは若者の空間ではない。コロナ禍直前の2019年、大手旅行代理店付属のJTB総合研究所が発表した「海外観光旅行の現状2019」によると〝「旅行の相談から申し込みまでのすべてをネットで完結」させる割合が、若者より高齢者の方が多いことが分かった〟とする。具体的には18～29歳の男性ユーザーで「旅行の相談から申し込みまでのすべてをネットで完結」と回答した者が36・4％だったのに対し、60～79歳の男性のそれは53・9％と過半数を超え突出して多かった（n＝18～79歳の男女3万人）。若者はネットを使いこなす一方で、高齢者はそれに疎いという固定観念はもはや崩壊している。

また2015年の『情報通信白書』によれば、ネットショッピングの利用率を世代別にまとめたところ、20代以下の利用率は67・3％、30代で68・5％であるのに対し、50代は78・3％、60代以上で72・5％となっており、白書の中では「60代以上の利用率は30代や20代以下の利用率をやや上回っており、少なくともインターネット利用者に限定する限り、シニア層のインターネット利用者が他の年代のインターネット利用者に比べてネットショッピング利用に消極的という事実は見られない」と結論付けている。

若干古い調査だから、現在ではこの数値はさらに平準化されているはずだ。食品総合通販サイトやホームセンター、百貨店などがシニアをターゲットとしたネット宅配に活路を見出して久しいが、それはこのようなユーザーの動きと比例している。ネットは若者が利用するものでありネットに習熟しているのは若者で高齢者は苦手である、という1990年代中盤からゼロ年代初頭には確かに事実として存在した図式は、皆ブロードバンド時代の現在、崩壊した。むしろ世代別の人口総数が大きくシニアに偏重している中、絶対数だけを見ればネットユーザーの主力は若者ではなくシニアであるといっても間違いではない。これが日本のネット空間の偽らざる姿なのである。

シニアのSNS利用は動画に偏重している

現在、右傾動画の趨勢は2010年代中盤頃からチャンネル桜の権勢が衰微し、その他の新興勢力に取って代わられている。ネットコンテンツの趨勢は移り変わりが激しいので何ら驚くべきことではないが、新興勢力のひとつであるDHCテレビの目玉番組のひとつに『虎ノ門ニュース』があった（2022年に終了）。これは半ば公開生放送をしていたものだった。東京の虎ノ門スタジオがガラスで遮蔽されているものの半開放されているので、街頭からスタジオ内部を覗き込むことが可能である。逆にいえばスタジオのカメラから彼らが丸見えになる。そこに映り込む人々は、やはりほとんどがシニアである。若年層はほぼ存在しない。

彼らのほとんどが恐らくネットという新技術の世界にブロードバンドの時代になって初めて後発に足を踏み入れた人々である。確立されたネットコンテンツからしかネット体験を始めていないと、何かそれが信頼に足るもので洗練されたものだと錯覚する。その内容は全部本当なのではないかと勘違いしてしまう。

ゼロ年代前半の「2ちゃんねる」には、KFCからカーネルサンダースの立体人形を盗んできて売りますとか、ホームセンターでバルサンを大量に買い込んでマンホールに流し込み千匹単位のゴキブリを駆除するオフ会をやりますとか、イカれた連中ばかりで何ひとつ尊敬に足るものは無かった。そういう連中をみんな馬鹿にしていたが、それこそがネットの面白さでもあった。または全く笑い事ではないが西鉄バスを乗っ取りますと犯行予告して、本当にそれを実行して3人を殺傷したユーザーがいた。所謂「ネオむぎ茶」事件であるが、こういう経験をリアルで目撃しなければ、ネットは安全で保護された空間だと誤解してしまうのだろう。

端的にいえば彼らはネット利用に関しては素人で、リスクを正確に理解していない。動画視聴はテキストサイト全盛時代に必要とされた文章読解力をまったく必要としない。シニアにとってネット動画は労力を必要としない極めて手軽なもので、それゆえに無批判に信奉してしまい右傾の門戸とするリテラシーの低さには、こうしたネット環境に接触してきた履歴に基づく世代格差が強く存在する。

２０１７年の『情報通信白書』によると、主なＳＮＳ利用の世代別割合は別掲の図のようになっている。

図2はLINE、Facebook、YouTube、インスタグラムなどの利用率を世代別に示したものである。50代以上のシニア層において、ＳＮＳ利用率は総じて10代、20代、30代の若年層よりも劣る。しかしながら50代以上において、相対的に最も利用されているＳＮＳはYouTubeである。例えばLINEは40代までの世代で概ね7割以上が利用しているが、50代以上になると半数かそれ以下になる。インスタグラムは50代で12・３％、60代でわずか１・３％の利用率にとどまっている。

この世代で最も多い利用率を誇るのは何といってもYouTubeであることがわかる。50代、60代のYouTube利用率はLINEよりも高い。特に60代でFacebookを使っているのがわずか10・６％であるのに対してYouTubeは29・７％と3割に迫っている。これに比べて20代

■図2 主なSNSの利用率（2016年 全体・性年代別）

	LINE	Facebook	Twitter	mixi	Mobage	GREE
全体 (N=1500)	67.0	32.3	27.5	6.8	5.6	3.5
10代 (N=140)	79.3	18.6	61.4	2.9	6.4	3.6
20代 (N=217)	96.3	54.8	59.9	13.4	9.2	6.9
30代 (N=267)	90.3	51.7	30.0	9.4	9.7	4.5
40代 (N=313)	74.1	34.5	20.8	8.3	4.8	3.2
50代 (N=260)	53.8	23.5	14.2	5.8	4.2	2.7
60代 (N=303)	23.8	10.6	4.6	1.0	1.0	1.0
男性 (N=756)	63.6	32.0	25.7	6.5	7.5	4.2
男性10代 (N=72)	70.8	16.7	54.2	2.8	9.7	5.6
男性20代 (N=111)	94.6	50.5	53.2	14.4	14.4	9.0
男性30代 (N=136)	86.0	46.3	30.1	5.1	11.8	5.1
男性40代 (N=159)	68.6	36.5	21.4	8.8	6.3	5.7
男性50代 (N=130)	49.2	24.6	11.5	6.2	4.6	0.0
男性60代 (N=148)	23.6	14.2	4.1	1.4	1.4	1.4
女性 (N=744)	70.4	32.5	29.3	7.1	3.6	2.7
女性10代 (N=68)	88.2	20.6	69.1	2.9	2.9	1.5
女性20代 (N=106)	98.1	59.4	67.0	12.3	3.8	4.7
女性30代 (N=131)	94.7	57.3	29.8	13.7	7.6	3.8
女性40代 (N=154)	79.9	32.5	20.1	7.8	3.2	0.6
女性50代 (N=130)	58.5	22.3	16.9	5.4	3.8	5.4
女性60代 (N=155)	23.9	7.1	5.2	0.6	0.6	0.6

	Google+	YouTube	ニコニコ動画	Vine	Instagram
全体 (N=1500)	26.3	68.7	17.5	2.9	20.5
10代 (N=140)	28.6	84.3	27.9	5.7	30.7
20代 (N=217)	29.5	92.2	36.4	7.4	45.2
30代 (N=267)	37.5	88.4	19.5	3.7	30.3
40代 (N=313)	30.0	77.3	15.3	1.6	16.0
50代 (N=260)	25.4	55.4	9.2	1.2	12.3
60代 (N=303)	10.2	29.7	6.6	0.3	1.3
男性 (N=756)	25.4	72.0	19.8	2.1	13.9
男性10代 (N=72)	23.6	81.9	27.8	4.2	20.8
男性20代 (N=111)	33.3	91.0	46.8	4.5	34.2
男性30代 (N=136)	34.6	90.4	20.6	2.9	18.4
男性40代 (N=159)	25.2	78.0	17.6	1.9	11.3
男性50代 (N=130)	23.8	59.2	6.9	0.8	6.9
男性60代 (N=148)	13.5	40.5	8.8	0.0	0.0
女性 (N=744)	27.3	65.3	15.1	3.6	27.3
女性10代 (N=68)	33.8	86.8	27.9	7.4	41.2
女性20代 (N=106)	25.5	93.4	25.5	10.4	56.6
女性30代 (N=131)	40.5	86.3	18.3	4.6	42.7
女性40代 (N=154)	35.1	76.6	13.0	1.3	20.8
女性50代 (N=130)	26.9	51.5	11.5	1.5	17.7
女性60代 (N=155)	7.1	19.4	4.5	0.6	2.6

（各社の数字は%）

出所）『情報通信白書』平成29年版、総務省

のYouTube利用率は92・2％と高いが、同じようにLINE利用率も96・3％と高い。シニア層は相対的にはYouTube利用率が最も高いのである。

文字に頼らず特段の会員登録が必要ない（チャンネル登録をしたりコメントしたりする場合は会員になる必要があるが、視聴だけなら別段ブックマークでも差し支えない）YouTubeは、基本的にクリック一つで再生できるので、シニアにとっては極めて簡便なSNSである。しかも、利用に際してアプリやソフトのダウンロードも必要ではないからハードルが低く労力も少ない。若年層、青年層は満遍なくさまざまなSNSを横断的に利用しているが、シニア層は圧倒的に動画に偏重していることがデータで裏付けられている。

「ネット動画ユートピア国家」の誕生

さて、シニアのネット動画偏重にさらに拍車をかけたブロードバンド技術、光ファイバーの普及についても触れなくてはならない。光ファイバーを用いた通信は1980年代、あるいはもっと前から研究されてきたが、一般家庭向けに提供されだしたのは2000年代で、NTTによる最初の試験提供は2000年12月である。しかしその提供エリアは東京23区のごく一部と大阪市内のごく一部という極めて狭いものであった。

２００１年から始まったヤフー！ＢＢによるＡＤＳＬサービスは廉価で公称８Mbps、実測約１〜２Mbps 前後という当時としては驚異的な高速回線を提供したことはすでに述べたが、光ファイバーの速度はこの比ではない。具体的には現在の一般的な光ファイバーの通信速度は大体１Gbps である。１Gbps は１０２万４０００kbps で、ＩＳＤＮの１万６０００倍である。ＩＳＤＮが三輪車でＡＤＳＬが高級車のクラウンなら、光ファイバーはサターンロケットかボイジャー２号である。

ネット動画の快適な再生のためには、光ファイバーの普及が必須と言える。しかし光ファイバーは試験当初高額であった。家庭向けの基本料金は月額１万３０００円（企業向けは同３万２０００円）であり、２００２年５月時点の光ファイバー加入者は全国でわずか５万回線だった。値段の高さが敬遠されて、むしろＣＡＴＶ回線の方が人気だったのである。

その光ファイバーは、試験提供からわずか３年後の２００３年頃から急速に普及し始める。要因はヤフー！ＢＢによるＡＤＳＬ加入者が怒髪天の勢いで増加したことで、光ファイバー事業も価格競争に向き合わなければならなかったことにある。ＮＴＴ東西は相次いで光ファイバーサービスの値下げと提供エリアの拡大を行い、それが奏功して２００７年には８８０万回線にまで激増した。

ＡＤＳＬはアナログ回線なので、遠くなると減速する。デジタル回線の光ファイバーには速度で太刀打ちできない。回線として圧倒的に優秀なのは、光ファイバーだった。こうしてＡＤＳＬと光ファイバーの逆転現象が起こった。この年はYouTubeが日本に上陸した年だ。図らずもYouTubeの上陸と光ファイバーの爆発的普及が重なったのだ。

現在、ブロードバンド回線（固定）に占める光ファイバーの普及割合は約87・８％（２０19年、総務省）である。この数字は国際的にいかほどのものか。実は日本は世界最先端というべき光ファイバー先進国である。

総務省によれば、ＯＥＣＤ各国における日本の光ファイバー普及率は、韓国に次いで世界2位である。電子政府で有名なバルト三国のエストニアは40％程度で、電子行政は大きく立ち遅れている反面、日本の光ファイバー普及率は世界トップクラスである。他方、米仏などの主要国におけるそれは軒並み20～30％程度とそれほど普及していない。日本の普及率は突出して高い。光ファイバー普及率が60％を超える国は、日韓を除けばリトアニアやスウェーデン、ラトビアといった人口の少ない国ばかりなのが実態である。

モバイル端末のブロードバンド普及率も世界トップクラスで、１００人当たりの普及率は約１８０回線であり、ＯＥＣＤ内で1位となっている。つまり国民1人につき1・８台のブロードバンドモバイル端末を有する。この数字はフランスやイタリアの約2倍となっている。スマホを複数台持つ人は珍しくなく、この順位は生活実感に即しているといえる。

一方、ブロードバンド回線（固定）速度は流石に世界トップではないが、かなり高速の部類なのは間違いなく、仏中などの主要国と遜色無い。気になる光ファイバーの利用料金はどうか。もちろん提供社やプランによるが、日本の光ファイバー利用料金は先進国の中では標準的である。速度やほぼ全国土をカバーしているという状況を考えると、安いと評価してもいいかもしれない。

このように日本は、世界でも群を抜いてブロードバンド環境が整っている。つまりネット動画が廉価かつ高速で観ることに適したインフラがほぼ全土に整備されている稀有の国である。その理由は前述したゼロ年代以降の価格競争と、国土の狭さからくるインフラ整備の省力化などが寄与しているが、この国ほどストレスなく、国土のどの場所に居てもネット動画に接触できる環境にあるのは珍しい。

そして光ファイバーはもはや安普請な賃貸アパートにも標準装備されている場合が多い。「我が家にネット回線を引くにはどうしたらいいのでしょうか。孫に聞いてもまるで分かりません。困っています」というシニアによる痛切な叫びはほぼゼロ年代に絶滅した。どんなにPCやデジタルに疎くても、このような悩みは電器店とそのスタッフが即座に解決してくれるからだ。電器店の店頭でパソコンを購入した瞬間にセットで設置工事がついてくる。

それだけではなく必要十分のPC設定もブラウザのインストールもウイルスブロックソフトの導入も、5000円も出せばスタッフが全部代行して指定時間に届けてくれる。どうりで最近街中に「パソコン教室」というのが少なくなったわけである。教室など必要が無いからだ。かつて必須であったPCの基礎知識すら必要が無い。1週間程度で世界最高水準の光ファイバー環境が、どこにいても月額1万円未満で手に入る。

カウンターの申込用紙に記入するだけで、これだけ簡単にネット動画に「入り浸れる」環境が国土のほぼすべてで実現できる国は、21世紀における「ネット動画ユートピア国家」なのかもしれない。

アメリカの陰謀論者はシニア右翼か？

ここまで読んだ読者の中には、不満を持つ人もおられるかもしれない。まるでシニア右翼が日本特有の現象のように書いてあるからだ。そもそもネットの普及は1990年代中盤から少なくとも日米欧、それにアジア新興国などでほぼ同時に起こった。21世紀以降のブロードバンド回線の普及も、国によって濃淡があり日本が急激に巻き返して世界の最先端になったことを勘案しても、例えばアメリカが異常に遅れていて、片や日本だけが極端に進んでいるといったほど差が開いているわけではない。

すでに述べた通りアメリカの光ファイバー普及率は日本に比べると相当低いが、アメリカでは光ファイバーの代わりにCATV回線による高速ネットが先行して普及している。アメリカ全世帯のCATV普及率は約70％で、ほとんどの家庭が有料課金してテレビを視聴している世界一のCATV大国だ。

アメリカにおけるブロードバンドは確かに光ファイバーでは遅れているが、すでに普及しているCATVを使った高速回線で代替されている。よってアメリカがブロードバンド後進国という訳ではない。つまりアメリカにも日本と同じようにシニアが右傾化する素地——高速ネットインフラは整っているのである。

また日本ほど急激かつ大規模ではないが、高齢化つまり人口のシニア寡占は米欧を含めた先進国共通の特徴であり、最近では中国社会の高齢化も言われて久しい。よって日本だけ特有に普通のシニアがブロードバンド化によって大量にネットユーザーになった結果、シニア右翼になるというのはいささか飛躍なのではないか、というご不満があるだろう。

トランプ前米国大統領の熱心な支持者である「Qアノン」はネットの陰謀論者（――2016年の大統領選挙で敵対したヒラリー陣営や民主党議員などに、悪魔崇拝や小児売春の所業が存在したというデマを信じる）や右翼だった。確かに彼らの情報源は日本のシニア右翼と類似している部分がある。

タフツ大学教授で政治学者のブライアン・シャフナーの調査によれば、Qアノンと呼ばれる人々の情報源を「支持者の75％はFacebook、68％はYouTubeの利用者」と分析している（https://wired.jp/2020/10/12/qanon-supporters-arent-quite-who-you-think-they-are/）。Facebookの部分は違うが、7割近い人々がYouTube動画を情報源にしているのは日本のシニア右翼とかなり似ていると言わなければならない。では彼らの年齢層は日本と同じシニアなのだろうか。アメリカのシニアがネット動画を門戸にしてシニア右翼となり、それがQアノンの正体という認識で正しいのだろうか。

トランプは2020年11月の米大統領選挙で再選を目指し民主党のバイデンと対決した。トランプ政権は4年間の政権運営で共和党穏健層から離反され、20年選挙ではバイデンに惨敗し1期で終わった。この選挙の翌年すぐ、すなわち2021年1月6日、世界を震撼させたアメリカ連邦議会議事堂襲撃事件が起こった。Qアノンや白人至上主義者、ネオナチ、オルタナ右翼を中心とする過激なトランプ支持の右翼や陰謀論者が「20年のバイデン勝利は不正選挙である」として議事堂を占拠し、10名の死者と百数十名の負傷者を出し700名以上が逮捕されるという未曽有の大事件を引き起こした。起訴された被告の一部は現在でも裁判が続いている。この時逮捕された実行犯の多くの年齢は、30代の白人男性だった。

主要な逮捕者の年齢を見てみる。極右活動家のベイクド・アラスカは1987年生まれで事件当時33歳。極右武装集団「プラウド・ボーイズ」の創設者ニック・オクスは33歳。同じく極右活動家のジェイク・アンジェリも33歳。逮捕こそされなかったが侵入者の一人で共和党議員（ウェストバージニア州下院議員）という公職にありながら議事堂に侵入したデリック・エヴァンスは35歳。同元競泳選手のクリート・ケラーは38歳。みなアラフォーかアラサーの男性ばかりで、どちらかと言えば屈強な男性であり中には全身にタトゥーを入れている人も少なくない。日本でいうところの「輩《やから》」である。ほとんど私と同世代か若干若い。年齢的には到底シニアとは呼べない。

Qアノンの創設者とされるジム・ワトキンスは当時57歳で、連邦議会襲撃事件の背後に存在した陰謀論者の大物だが、当日の襲撃には参加していない（——ちなみにジムと私は2019年ごろ浅草の中華居酒屋で偶然会い、呑んだことが3回ある。ジムは2ちゃんねるを買収した関係で日本を拠点としてフィリピン、アメリカなどを頻繁に行き来している)。ワトキンスの息子、ロン・ワトキンスも父と共に陰謀論者として活動する界隈の大物だが、こちらは当時33歳。煽動者にしても必ずしもシニアと呼べるわけではない。アメリカの右翼はこのようにドン・コルレオーネというより、若さゆえに無思慮な血気に走ってハチの巣にされたソニーの方にかなり近い。

『近代の終わり――秩序なき世界の現実』(ブライアン・レヴィン、カート・アンダーセン、イワン・クラステフ、ジョージ・フリードマン、アダム・トゥーズ、ヴァレリー・ハンセン、ジョージ・エストライク、デイビッド・ファリアー著、大野和基インタビュー・編、PHP研究所)によれば、「ヘイトクライムを犯す人に共通するある要素があります。それは〝この相手は攻撃してもいい〟というステレオタイプを持っていること。年齢層でいうと、ニューヨーク市やロサンゼルスでヘイトクライムを犯しているのは、主に三十代です。ちなみに連邦議会議事堂を襲撃したのも主にこの世代でした。中年期前の不安と関係しているのでしょう。男性が多いです」(ブライアン・レヴィン)としている。

ここでいうヘイトクライムとはコロナ禍で多発した全米の大都市等におけるアジア系人種へのヘイトクライム(憎悪犯罪)を指す。レヴィンはその年齢層を30代とし、議事堂を襲撃した右翼の年齢層と同じだと見ている。この分析は実際の逮捕者や襲撃参加者の年齢にぴたりと一致する。

Qアノンは悪魔崇拝や小児売春などのデマを信じる陰謀論者という意味で、嫌韓、反中、歴史修正主義などを力点とする日本のシニア右翼とそのベクトルは異なる（――ただし、在日特権という陰謀論全般を信じているところなどは似ている）ものの、社会的に右翼と位置付けられているという点に於いては同じだ。しかし彼らの年齢層は日本のシニア右翼よりも大幅に若い人々ばかりである。YouTubeを門戸としている点でも共通はしているが、彼らはシニアではない。やや加齢した無軌道な青年層であり、アウトローな青年後期層による集団暴力事件という方が適当である。

アメリカの右翼は若い

2016年の米大統領選挙でトランプが当選したとき、その支持者の主力は白人貧困層という固定観念が日本で定着した。トランプの直接の勝因は原則的に大統領選挙人を各州で総取りする関係上、それまで民主党の地盤とされてきたペンシルベニア、ミシガン、ウィスコンシンなどの所謂「ラストベルト（錆びた鉄）地帯」で地滑り的にヒラリーを破ったことだとされた。この一帯は製造業が強かったが、とりわけ1980年代以降、日本企業などの攻勢により没落した白人労働者が多いとされる。

が、各州におけるトランプとヒラリーの票差はミシガン州で約1万700票、ペンシルベニア州で約4万4000票、ウィスコンシン州で約2万2000票などの僅差にすぎない。これによりトランプがすべての選挙人を総取りした結果、いずれも薄氷の勝利になったのであり大きくヒラリーが敗北したわけではない。一般投票ではヒラリーが48・1%、トランプが46・0%とヒラリーが勝利しており、トランプの勝利はアメリカ特有の大統領選挙人システムに助けられた側面が強い。

トランプ支持者に白人貧困層が多いというのは決めつけである。全米でおしなべて見ると伝統的に白人貧困層の支持は民主党が強く、白人富裕層・高齢者は共和党支持が強いとされる。特に白人シニアの大卒者は共和党支持の側面があるが、その政治姿勢は穏健保守が多くQアノンのような陰謀論者やオルタナ右翼とはまるで別個の存在である。2018年以降、白人シニアで高学歴層の一部はトランプ政権があまりにも反知性的ということで辟易とし、民主党に鞍替えした者が少なくなかった。それが全米の重要州で決定打となり、2020年にトランプは敗北しバイデン政権が誕生した。

アメリカにおけるシニアは政治的にはやや保守色が強いといえるが、決して過激な存在ではない。連邦議会議事堂を襲撃する事件を起こすような人々は、決してシニアではなくむしろ青年層なのがその証拠である。彼らはYouTubeを門戸として陰謀論や極右に染まるほど野放図でも愚かでもない。アメリカの過激な右翼はもっとずっと若いのである。

『ノマドランド』に見るアメリカのシニア像

第93回アカデミー賞6部門にノミネートされ、作品賞・監督賞など3部門を受賞し世界的にその名をとどろかせた2021年の映画に『ノマドランド』（クロエ・ジャオ監督）がある。原作原題は『ノマド：漂流する高齢労働者たち』。ノマドとは遊牧民の意味で、主人公のファーンは60代の白人女性である。この映画はアメリカ北西部でノマドとして車上生活を行い、移動しながらその日暮らしをする実際の人々が役者として登場する。

ファーンは元々教員だったが、リーマン・ショックで失業しノマドとして放浪する道を選んだ。しかしファーンは絶対の貧困者というわけではない。所有物件を持つ姉妹に頼ればノマド生活をする必要はないという描写がある。どちらかというと好き好んでノマドになっている。ファーンは夫をがんの闘病の末亡くした辛い経験を有する。この映画に出てくるノマドはシニアばかりで、人生のどこかで何らかの喪失感を抱えて、それが癒えていない。中には自身が余命宣告を受けて死期が迫っている老女のノマドも出てくる。ノマド同士の出会いは一期一会だが、旅の途中のキャンプで偶然再会することも多い。

この映画はアメリカのある種のシニアが持つ大きな、かつ乾いた喪失感を描いている。アメリカ社会の消費生活に疲れ、大切な何かを失った人々はもはや政治に興味を持つこともなく、オルタナ右翼にも共産主義者にもなることなく、ひたすら資本主義の雑踏から遠ざかろうとする。ノマドたちの連絡手段はスマホで、その中でYouTubeを観る。その動画の中ではノマドの精神的指導者とされるシニア男性が喋り、その呼びかけでノマドたちが遠路指定されたキャンプに集まってくる。このユーチューバーのシニアは本物で、本当にアメリカでこういう動画を作って配信している人（ノマド界隈では超有名人）を役者として撮影しているのだ。

皆シニアなので乱痴気騒ぎをする訳でもなく、ただ車で集まって焚火を囲み星を観ながら静かに語り合い、物々交換で必要な物資を得て、そして誰ともなしに去っていく。彼らには誰かを攻撃する、という欲求が無い。そのような衝動を社会の中で浴びすぎて疲れてしまったのだ。この映画には何か結論がある訳ではない。ファーンがノマドをやめて市街地に帰り、第二の人生を始めようとするところで終わるとか、そういう「前向きな」決意が示されるわけでもない。ただ雄大なアメリカの田舎の道路と自然があるだけである。

極めて美しく傑出した映画だと思った。アメリカのシニアがすべて純朴で素晴らしく慈愛に満ちた親切な人だと言っているわけではない（――とはいえ実際にアメリカを旅すると老人たちは人種を問わずみな明るく親切なように思えるが）。しかし彼らは右翼になったりはしない。彼らが見るYouTubeにはQアノンの動画は無い。存在することは知っていても興味が無いというか、そんなものは「若い時に通り過ぎる過ちの一種」とでも思っているのかもしれない。

先進国のシニアたちが後発組としてブロードバンドに馴染む構造は、日本のシニアと共通している。だが彼らのほとんどはただのシニアのままで、ある日突然目覚めたかのようにシニア右翼にはならない。特定の人種を差別したり特定の国家を呪詛したりしない。つつましく静かに暮らしている同じアジア人に向かって、隣国に出自があるからという理由だけで「国から出ていけ」とか「国を乗っ取ろうとしている」などと四六時中書き込んだりしない。そして彼らを擁護するそぶりを見せた（かも知れない）だけの弁護士に嫌がらせの脅迫めいた封筒を大量に送りつけたりしない。

シニアの醜悪な右翼化はやはり日本特有の現象なのだろうか。次章では本章で書いたネットインフラにまつわる技術的側面に続き、彼らがシニア右翼となるそのイデオロギー的理由を探っていく。

コラム3　保守と右翼

▽E・バークの考え

ある種の政治的意見を持つ人々からは、右翼、右派、右傾、そして保守という言葉は同じように使用されている。私もその時折の原稿の中で「ネット右翼」を「ネット保守」と言い換えたりする。ネット右翼を短縮するとネトウヨとなり、蔑視の意味合いを含むと捉える人々もいるし、そもそも第二章で述べた通り彼らは「近代日本における原義の右翼とはまるで違う」存在なので、その呼称は実のところあまり正確に使い分けられているとは言えない。確かに「ネット保守」と表記すると表現としてはやや柔らかくなるが、実態はすべて同じである。

保守とは何だろうか。政治学者の宇野重規による『保守主義とは何か』（中公新書）はこの問題を端的に解説している最良の書である。宇野ですらも「保守とか保守主義とかの現代的定義は極めて曖昧で難しい」旨記述している。保守とか保守主義とか保守思想という言葉がテキトーにそれぞれの立場から語られるので、言葉の定義がめちゃくちゃになっているのである。

宇野によれば保守主義は革新がまず先にあり、その姿勢に対立するものとして発生した。宇野は近代において「仮に人間社会は本当に『進歩』しているとしても、ただ『進歩』のスピードを速めればいいというわけではない。急速な『進歩』、さらには『革命』によって失われるものもある。いや、むしろその方が大きいだろう。社会は過去からの連続性の上に、少しずつ進んでいくべきである。保守主義の思想は、楽天的な進歩主義を批判するものとして生まれ、発展していった」とする。これほど端的な説明はない。ここで言う進歩・革命の、近代における総本山とはフランス革命である。それに対抗する考え方の始祖こそが英国の政治家、E・バークである。その出典は『フランス革命の省察』（１７９０年）だ。

ルイ16世治世下のフランスでは、生産力が拡大して都市部に中産階級（市民階級――これを第三身分などともいう）が伸長したが、その経済力に見合った権利が十分に与えられず、一方で貴族や既存の宗教指導者の上部層に巨大な権利・権益が与えられていた。新しい勢力である中産階級は納税に見合った権利が存在しないことに激しい不満を募らせた。このような階級間の鬱積や軋轢が頂点に達し、彼らが支配階級の武力による打倒を目指したのがフランス革命といえる。

革命をイギリスから観察していたバークは、国王の処刑にまで至ったこの世界史的動乱を冷ややかに見つめていた。革命の進展があまりにも急激すぎ、また過去の連続性を無視し、「楽天的な」理性のみに偏重して「ゼロから人間社会を設計するがごとく」に立脚されているので、その反動を危惧したのである。

事実、革命は成功するもののすぐさまジャコバン派のロベスピエールらがジャコバン政権（1793年）を樹立して独裁政治を開始し、封建的階級（旧支配層）を徹底的に弾圧するばかりか恐怖政治が展開された。同じ政権内で革命に参加した味方であったはずの人々を次々と粛清したのである。結果、ロベスピエールは短期間で失脚してナポレオンが台頭するのは既知の通りである。そしてナポレオン体制崩壊後のフランスは再び復古王政に戻った。結局1848年の二月革命を経て、フランスでは第二共和政がスタートする。この間ゆうに半世紀以上を要した。

バークの考えは、フランス革命の「自由・人権・平等」の理念を否定するものでは無い。バーク自身がそれらの理念に同調する自由主義的政治家であったからである。ただし社会の改良は設計的な理性にのみ基づいて急進的に行われるのではなく、既存の伝統や慣習をある程度尊重したうえで漸次的に（ゆっくりと）なされなければならないし、そうでないと失敗すると説いた。これが「保守主義」「保守思想」の誕生である。政治的な文脈の中での「保守」という言葉もこれと共に（厳密な定義がないまま）生まれたと考えて大きな間違いはない。

▽誤用される「保守」「リベラル」

よって保守というのは、韓国（人）や中国（人）が嫌いとか、『朝日新聞』を廃刊にしろという主張に同調する姿勢とは一切関係が無い。あくまで社会を「理性だけに偏重せず、漸次的に改良」することをよしとする考え方であって、特定の国や団体に敵対する思想とはまったく無関係である。

これを踏まえると、「日本国憲法9条を即座に改正しろ」とか「在日コリアンを追い出せ」というのは、保守ではなく異端言説であり、ただの差別・ヘイト主義者である。しかし右翼という言葉もそうだが、現在彼らを正確にかつ一括して形容する言葉が不足しているし、なにより彼ら自身が自らを「保守」と自称している（例えば『在日特権を許さない市民の会』のメンバーらは、自らを「行動する保守」と自称する）から、時として「保守」という言葉が出てくるが実のところそのほとんどが誤用である。

一方、このように「保守」を自称する側の人々からすれば、自らへの批判者はすべて「反日」「パヨク」（左翼のもじり）という風になる。そこまでの「ドギツイ」表現を用いない人々でも、「リベラル」という言葉を用いて攻撃材料とする。「これだからリベラルはダメだ〜」とか「だから日本のリベラルは支持を得られない〜」という具合である。本来リベラルは「自由な」とか「自由主義者」を意味するし、バーク自身が自由主義者なのでリベラルである。保守の対義語はリベラルではなく「革新」である。

まさしくバーク自身が懸念した急進的改革を良しとするのが「革新」であり、その後の政治的文脈の中でそれは「共産主義（者）」を指す。ロシア革命は急進的社会改良を目指したボリシェビキ（レーニン派）が主導したのは言うまでもないが、その後のソビエト成立からの経緯を踏まえると、革新が志向するのは封建的システムや因習の解体、計画的社会構造の構築、計画的経済体制の構築（ところがその実態は、彼らが掲げる理想とはかけ離れていた）などで、正に「革新」という日本語が相応しいといえる。

ところが現在、革新に該当するとされた人々も自らを「リベラル」と名乗っているので、言葉の定義がいよいよ困難になってくる。そして当の保守は、フランス革命が掲げた「自由・人権・平等」の理念を全く否定していないという事である。フランス革命から概ね始まるこのような近代の考え方に規定された権利を「天賦人権説」という。つまり「自由・人権・平等」という概念は創造されたのではなく、人間が生まれながらにして保有する天然の権利だとする考え方で、保守主義者もこれを肯定している。

▽「保守」とは呼べない「保守政治家」

しかし現在日本で保守を自称する人々からはこの天賦人権説すら否定する発言がとびだしている。第一次安倍政権で法務大臣を務めた自民党の長勢甚遠は、自民党下野時代の2012年5月、超党派の議員連盟である「創生『日本』」の研修会の中で、「（自民党憲法草案は）国民主権、基本的人権、平和主義、これは堅持すると言ってる。この三つはマッカーサーが日本に押し付けた戦後レジームそのものだ。この三つを無くさなければですね、本当の自主憲法に成らない」と発言した。自民党の国会議員でありながら自民党憲法草案を牽制する格好となったが、驚くべきことに長勢は「国民主権、基本的人権、平和主義」を否定する。とりわけ国民主権と基本的人権は天賦人権説の根幹をなすものだが、これを「無くすべき」と発言したのである。

長勢は保守政治家であることを自任しているが、すでに述べた通り「保守」は天賦人権を肯定する立場に立脚し、社会の中の連続性を尊重して改良を加えていくべきという姿勢なので、長勢の政治姿勢は保守ではない。保守とはもっと別の、革新ですらない何かまったく別物の異形の政治姿勢であると言わなければならないが、一応現在日本ではこれが「保守」という事になっている。

ちなみに「創生『日本』」は２００７年に結成されたが、元々の名前は「真・保守政策研究会」であった（２０１０年改称）。どこをどう見ても「保守」とはいえないのだが、この時の長勢の発言を掣肘する議員は誰も居なかった。

２０１２年12月６日、自民党の片山さつき参議院議員は自身のツイッターで「国民が権利は天から付与される、義務は果たさなくていいと思ってしまうような天賦人権論をとるのは止めよう、というのが私たちの基本的考え方です。国があなたに何をしてくれるか、ではなくて国を維持するには自分に何ができるか、を皆が考えるような前文にしました！」と発言した。

ここでいう「前文」とは自民党憲法草案（当時）のことを指し、「私たち」とは自民党憲法草案メンバー（グループ）を指すものと思われるが、またしても長勢と同様、天賦人権説を完全に否定している。片山は自らの政治姿勢を「保守」と規定し、支持者からも「保守の政治家」と呼ばれているし、報道や論評の中でも「保守系政治家」と書かれることが多いが、天賦人権説を否定するのはそもそも保守などではないので、そのような自称も他称もまったく適当ではない。

日本における「保守」がすべて長勢や片山と同じ思想を持っているとはいわないが、少なくとも彼らは「保守」の意味をはき違えている。天賦人権説を否定するのが保守であると思っているのかもしれないが、そうだとしたらバークの『フランス革命の省察』を読んでいないことは明白である。『フランス革命の省察』は現代日本語訳が複数出版されており、そこまで長大な著作ではなく、前述の宇野のように概説のレベルではもっと普遍的に出版されているがきちんと読んだことが無いのだろう。

バークは天賦人権説を否定しているのではなく、あくまで革命の伝統との切断と急進性を危惧したのである。そして例えばとくにヨーロッパで勃興する「極右勢力」や「極右政党」ですら、このような天賦人権説の否定はみられない。彼らは移民やその子孫に対し、きわめて排外的で差別的な主張をするが、あくまでフランス人にとっての、イタリア人にとっての、あるいはドイツ人にとっての「自由・人権・平等」を守るのだと言っている。移民やその子孫が伝統的に母国に住んできた人々の「自由・人権・平等」を侵害しているのだと主張している。だから欧州の「極右」ともまるで異なっている。

このような人々は「保守」ではなく別の言葉で形容してしかるべきだが、あいにくそれを辛うじて「右翼」などと呼称するほかないのが、現代日本における政治用語の貧困性を物語っている。敢えて言うならば「日本型保守」とか「日本型右翼」になるのだろうが、もはや保守でも右翼でもないので何か別の言葉での代入が求められよう。私としてはとりあえず「右翼もどき」とでも呼んでおくことにする。

第四章　未完の戦後民主主義

——戦前「鬼畜米英」を叫び、町内会長として翼賛体制を賛美し、中岡家を非国民と罵って弾圧していた鮫島伝次郎に中岡元が戦後再会したくだりで。

ゲン「おっさんは調子のええ奴じゃのう　鬼畜米英と叫んでいちばんよろこんで戦争に参加していたのに……散々わしらを非国民といっていじめやがって　日本が戦争に負けると今度は戦争に反対していた平和の戦士か　つごうがいいのう」

鮫島「ウッ」

ゲン「おっさんは大きな顔をして人前に顔を出すな　おっさんみたいなええかげんな奴が市議会議員になったら何をするかわからんわい」

鮫島「だまれっ　だまれっ　みなさん鮫島伝次郎はウソを申しません」

（『はだしのゲン』第四巻、中沢啓治、中公文庫コミック版）

「亡き父は晩年なぜ『ネット右翼』になってしまったのか」

2019年7月25日、デイリー新潮に次のようなエッセイが掲載された。タイトルは「亡き父は晩年なぜ『ネット右翼』になってしまったのか」。この原稿はルポライターの鈴木大介によるもので、この記事をもとに2023年に『ネット右翼になった父』（講談社現代新書）として書籍化されたが、Web記事掲載当時の内容に沿って要約すると次の通りである。

鈴木の父は戦中生まれ。高度成長期をがむしゃらに働き抜いた典型的なサラリーマン（中産階級）で、定年後は千葉県に建てた家で妻（鈴木からすると母）と暮らしていた。彼は現役時代とても読書家で知識欲が旺盛であった。〝レイチェル・カーソンの『沈黙の春』を読みふけることができ、「現代用語の基礎知識」や「イミダス」が当たり前のように毎年買ってあった〟と鈴木は述懐する。

しかし鈴木の父は晩年末期がんに罹患する（その後77歳で没）。看病のため頻繁に実家に帰るようになった鈴木は、現役時代の性格とは正反対に変わってしまった晩年の父と対面することになる。それによると、

〝病院に少し声の大きな集団や服装に違和感のある人々がいると、「あれは中国人だな」とつぶやく。「最近はどこに行っても三国人ばっかりだ」と、誰に向かうでもなく言う。（略）排外思想だけではなく、話題そのものが保守系まとめサイトのタイトルに出てきそうなワードで始まるようにもなった。テレビを見ながら、リベラル政党の女性議員に投げかけられる口汚い言葉は、『SAPIO』あたりの言説をコピーしたかのようだった。言葉の端々に「女だてらに」「しょせん女の脳は」とくるたびに、血圧が上がりそうになる。（略）いよいよ痩せ衰えた父を病院に送る車の車窓から、黄色い花が見事に咲き誇るのが見えた。「お、チョウセンレンギョウ咲いた。あれうちの玄関にも植えたよ」来年の開花時期には父は生きていないだろう。そんな気持ちを胸に僕が言うと、助手席の父は「チョウセンはつけなくてもいい」と返した。（略）ベッドから起き上がって身体を縦にしていることが難しくなっても、枕元のノートパソコンから垂れ流されるのは、YouTube のテキスト動画。薄暗い部屋の中、どこぞのブログやまとめサイトからペーストされたヘイトなテキストが平坦な音声で読み上げられる中、小さな寝息を立てる父の寝室は、ホラー映画のワンシーンみたいだった〟

ということだった。『SAPIO』を引き合いに出すのは前述の通り私が同誌に連載していたのでいかんともしがたい複雑な印象を受け、どうせ引用するなら『WiLL』か『Hanada』として欲しかったと思うが、ともかく確かに「実家に帰ったら老いた父がネット右翼になっていた」という教科書的な記述である。ネット右翼はそのままシニア右翼に変換してよい。あまりにも典型的なので、このように引用することにした。

鈴木父のがん原発部位は肺腺だという。もしかすると脳転移を起こしていたのかもしれないが定かではない。しかし鈴木は父の変貌を病気のせいではないとし、日本の高度成長の一翼を担ってきた父が定年後に長期不況で衰退する日本の姿を突き付けられ、かつて美しかった日本の姿が衰微していく現状の喪失感に対し、〝「それは何者かによって奪われた」「何かによって変えられてしまった」という被害者感情に置き換えられていた〟と結論している。つまりその何者かというのは、鈴木父の解釈にしてみれば在日コリアンとか中国人などということになる。

とりわけ右傾YouTube動画を機械音読させているさまは迫真性がある。動画情報のみで感化されるシニア右翼の特徴が典型的であるし、ただのシニアだった鈴木父がシニア右翼になった理由を日本社会の喪失に求めるというのは頷くところである。前章後半で『ノマドランド』を引き合いに出した。劇中のシニアたちは巨大で乾いた喪失を抱えている。アメリカの国情や政治状況から彼らがシニア右翼になることは無かったが、日本の場合シニアにある巨大な喪失はノマド化ではなく右傾化に転換されるのではないかとも考えた。

戦後民主主義を享受した世代が、なぜ？

確かに鈴木父のようなシニア層が経験した「美しかった日本」が衰微していく現状はある。アメリカに次ぐ2位の経済大国は、今や中国に抜かれ、早晩インドに逆転されるだろう。一人当たり所得はもはやＯＥＣＤ35ヵ国中22位である（２０２１年）。だが日本に大量の移民が押し寄せて街中に続々とモスクができたり、失業者が街にあふれているわけではない。

確かにかつてより定住外国人の数は増えたが、今もって日本の総人口の約98％が日本人である。総人口の２割とか３割が母国外を出自とする移民やその子孫で構成されるイギリスやフランス、ドイツのような状況にはない。

完全失業率は高度成長のただなかの１９６０年代には１％前半で、確かに長期不況で増加したが増減を経て２０２２年９月現在、その割合は２・６％である。ふつう失業率３％未満を完全雇用と呼ぶ。統計に表れない失業者の問題はあるが、日本は一応完全雇用が達成されている。日本車の攻勢で産業が破壊され、人々が町から引っ越し、ゴーストタウンと化して無法地帯になったデトロイトのような大都市が日本各地で見られているわけでもない。コークス生産のために山がはげ山になり放置されているわけでもなく、むしろ伐採事業者の人手不足により日本の山林には皮肉なことに緑が繁茂している。

そもそも街の美観は公害問題で凄まじい光化学スモッグや、下水道の未整備で腐臭が漂っていたはずの40年前より現在の方がはるかに清潔である。「美しかった日本」が存在するとしたら、美醜の基準はあるが現在でも日本は「まあ美しい」と言える。現在のシニア層の喪失感の原因は何かまったく別のところにあるのではないか。

仮に２０１９年の段階で鈴木父が77歳であれば、その生年は１９４２年である。22歳で就職したとしたら西暦では１９６４年である。総理大臣は宏池会の始祖・池田勇人から佐藤榮作に交替する年で、正に「昭和元禄」と共に鈴木父は社会で働いたことになる。ここから推測すると鈴木父が20代から40代前半を過ごしたのは、１９６０年代~80年前半と言える。日本経済は１９７３年のオイルショックで高度成長が終わったとされるが、いずれにせよ日本が経済大国になるまでのほぼ全期間を社会の第一線で過ごしている。

大きな疑問が残る。青年期の大部分を高度成長とその後に過ごした世代は、所謂戦後民主主義の第一線における享受者である。戦後民主主義の定義は様々であるが、「平和主義・基本的人権の尊重・国民主権」の憲法三大原則を護持する価値観である。当たり前のことだがこの原則は日本の戦争の失敗と反省から生まれたものである。鈴木父が小学生であったであろう1940年代後半には、中学校1年生の教科書として『あたらしい憲法のはなし』が教育現場で使われていた。

これは新憲法の理念を平易に教えるもので、現在読んでも美文である。戦争経験者が大勢社会の中枢におり、戦災の被害を被った人々も彼の周囲に多くいたことであろう。戦争の反省は社会のいたるところに瀰漫していた。当然、失敗した戦争であるから日本の中国侵略も、朝鮮や台湾の植民地支配も、日本を加害者とした前提で「悪」として捉えるのが通常であった。

敗戦直後からNHKはラジオ番組で『眞相はかうだ』を放送した。これは内地では伝えられることは無かった日本軍による侵略の実相を伝えるもので、少なくない国民はこれにより初めて加害の実態を知ることになった。この放送を聞いていたのは鈴木父よりも年長の世代であろうが、こういった番組で日本の加害性と向き合い、少なくない贖《しょく》罪《ざい》意識を持ち、その価値観は当時の人々に大きな影響を与えたはずである。

現在の保守派は必ず日本国憲法（特に9条）の改正を唱えるが、高度成長期における改憲議論は低調だった。1962年における「憲法改正の必要性」を訊いた世論調査では、改憲にYESが20%、NOが21%、「どちらともいえない」「わからない、無回答」が残りの6割弱である。この傾向は1970年代を通じて80年代くらいまで大きく変わらない（https://www3.nhk.or.jp/news/special/minnanokenpou/column/001.html）。舌鋒鋭い「9条改正」の声は、つまり大勢を占めなかった。日本国憲法の成立過程に問題はあったとしても、多くの国民が戦後民主主義を是認していたと考えるのが自然である。

このような環境に居た現在のシニア層が、21世紀を過ぎて降ってわいたように中国、韓国を見下し馬鹿にしたり、女性蔑視を露骨にしだしたりするのはなぜなのだろうか。後期水戸学の思想が現在によみがえったからだ、というのは間違いであろう。繰り返すように彼らは天皇を必ずしも尊重しているわけではない。そして水戸学の概説本が大ヒットしたという記憶もまったくない。現実的に後期水戸学の解説本はそこそこ出てはいるものの、『日本国紀』のような出版業界的な大ヒットを記録しているものはひとつもないからだ。勿論それに付随する大規模なテレビ・ラジオ番組での特集も組まれていない。過去の尊皇史観が現代に返り咲いている傾向は全くない。戦後民主主義の洗礼を受けたはずの彼らシニア世代こそがこういった歪んだ価値観に対して反発するのが普通で、なぜひっくり返るのかがよく分からない。

「ただなんとなく、ふんわり」とした受容

原因として考えられるのは、戦後民主主義的価値観を一様に否定する右傾的ネット番組がクリックひとつで簡易に再生できる高速ネットインフラが整い、構造的に動画に偏重するシニア層が後発でネット空間に大量に流入したこと。この部分は前章で述べた通りである。しかし今よりも戦争の悲惨さを十二分に舐めつくし、そういった人々が社会の中枢にいた時代の価値観を全身に浴びていたシニア層が、そんな簡単な「一撃」で価値観をひっくり返されるのは奇妙というほかない。

動画に触れるだけで途端に価値観がひっくり返るのならば、そもそもそれは確固とした価値観では無かったと判断するしかない。彼らシニアが受容してきた戦後民主主義が、徹底して彼らの精神を構成していたわけではなかった、としか考えられない。つまり「国民主権・基本的人権の尊重・平和主義」を原則とした戦後民主主義の大原則は、彼らの中ではまったく咀嚼されることなく、「ただなんとなく、ふんわり」と受容されていたに過ぎないから、後年になって動画という「一撃」で簡単にひっくり返ってしまったのである。

ここで思い起こされる話がある。イギリスの元奴隷商人で牧師だったジョン・ニュートンが作詞した『アメイジング・グレイス』は、現在でも世界中で謳われている代表的讃美歌のひとつである。ニュートンはガイアナや、コートジボワールなどアフリカ西海岸から奴隷を「購入」し、人々を船に詰め込んでイングランドに廻送して利益を得る奴隷商人であった。ところがあるとき、大西洋で暴風に遭う。ハリケーンに遭遇したのであろう。ニュートンは初めて真剣に神に祈った。そうすると天候は落ち着き、彼の船は転覆することなく、生きて陸にあがれた。現在から考えるとただの偶然だと思われる。

とはいえこの時の真剣な神への祈りが功を奏したものとして、ニュートンは後に熱心なキリスト教徒として神の道に進み牧師になるのである。ニュートンは異教徒からキリスト教に転向したのではない。もともとは英国国教会の信者であった。真にキリストの教えに忠実で確固たるキリスト教的価値観を持っていれば、そもそも人間をモノのように売り買いする奴隷商人などにはならなかったのだが、キリストの教えを受容しつつも実際には「ただなんとなく、ふんわり」としか考えていなかったから自堕落な生活をしていた。よって生死の境に遭遇してはじめて「神の寵愛」に触れるのである。それまで彼の中にあった「ただなんとなく、ふんわり」としか受容されていなかった価値観が、暴風雨という「一撃」で変更させられたのである。

シニアがシニア右翼になる「転向」は、このニュートンの説話に似ている。「ただなんとなく、ふんわり」としか受容されていなかった戦後民主主義という価値観が、動画という「一撃」で変更されたのだ。ただ一点違うことは、ニュートンの場合はその一撃でさらに既存の価値観が深化され再構築されたが、シニア右翼はそれを破壊して拒否することで「転向」したということだ。つまり戦後民主主義はシニア右翼にとってみれば単なる看板に過ぎず、戦後民主主義の信徒であるはずの彼らは「ただなんとなく、ふんわり」としてそれを受容してきた結果、もともと脆弱だった価値観が崩壊することに繋がったのである。

「ここではない、本当のどこかに真実が存在する」という考え方は、最近になって生まれたのではない。「ただなんとなく、ふんわり」としか既存の価値観を受容していないある種の層は、何かの潮流や巨大な事件や出来事という「一撃」で、簡単に既存の価値観が破壊される素地を持ち合わせている。

大量消費社会への懐疑、「行きすぎた」資本主義への懐疑、既存のビジネス手法への懐疑……などをフックとすることで、さまざまな新興宗教やマルチ商法が勢力を拡大してきた歴史がある。彼らの常套句は「世の中の常識とは実は嘘で、真実は別のところにある」というものだ。
しかしこういった手法に引っかかる人は、そもそも「世の中の常識」という部分をきちんと精査して受容していない。自らが受け入れているはずの価値観を自らが能動的に点検し、批判し、整理して分析した結果、真に同意し納得するという手段を踏んでいないから、常に外部からの「本当の真実」という甘言による「一撃」で瓦解する。彼らにとっての戦後民主主義も、実のところこのように「脆くて、よわよわとした」土台の上にあったに過ぎないので、すぐに価値観がひっくり返されてしまうのである。

戦前と戦後の連続

戦後民主主義が徹底されて人々に受容されてこなかった「脆さ」が、後年シニアがシニア右翼に「転向」する背後にある最大の要因である。戦後民主主義は確かに憲法の中に明記されている。しかもそれはかなり理想的な形でである。そしてそれを社会の中で肯定する「空気感」が醸成されてきたことは事実だが、結論から言えば全く不徹底だった。不徹底だからこそ、それがいとも簡単にひっくり返されたのである。だとすると戦後民主主義が不徹底だったのはなぜなのだろうか。

この問いに対して以下、①戦前と戦後の連続、②民主的自意識の不徹底、③戦争の反省の不徹底——幻の戦争調査会、④戦争記憶の忘却という四つのチャプターに分けて、検証していくことにする。

①戦前と戦後の連続

看板のかけ替え

日本は一応、額面上は西欧を模倣してそれなりの「近代国家」になったのに、人々の精神の意味で見劣りするのはなぜか。つまり新憲法の精神、戦後民主主義的価値観が強く根付かなかったのはなぜか——、という疑問自体、丸山眞男を筆頭に和辻哲郎や近年では内田樹が様々な「日本人論」の中で詳細に語ってきた。その理由としては戦後においてそもそも民主主義体制と矛盾する天皇制が残置されたり、より俯瞰的に見た日本列島の地理的な辺境性であったりするが、このような偉大な著作を逐一引用することは膨大になるのでしない。

もし、現代日本がハードの面で西欧に負けずとも劣らない近代国家でありながら、精神の面だけは封建的側面を匂わせているという立論があれば、それは例えば「日本特殊論」の範疇の中で語られるべきものだろうか。日本特殊論とは、言ってしまえば西欧と比べて日本が天皇制を護持しつつ特異な近代化の道を戦前・戦後共に進んで、西欧の高度資本主義国とは異質の「終身雇用・年功賃金」を筆頭とする所謂「日本型雇用」とか「日本型経営」を護持してきたことなどに起因する、内外からの硬軟取り混ぜた日本人・日本社会論だ。

確かに戦後の象徴天皇制は日本国憲法が謳う戦後民主主義的価値観と矛盾する。日本国憲法の中に国民主権と基本的人権の護持が明確に書き込まれていながら、第一章に天皇が明記されているのは大きな矛盾である。勿論、戦後すぐの段階にあって例えば日本共産党は象徴天皇制ですら封建的階級の残滓《ざんし》であるとみなし、大日本帝国憲法から日本国憲法への改正に反対した。

しかし現在の日本共産党は国民に広く象徴として受け入れられた天皇制を解体することを金科玉条のごとく掲げてはいない。枝葉末節としての皇室の在り方についての議論はあるが、天皇制の存続が社会の中で重大なイシューになっているわけではない。天皇制と戦後民主主義は根本的には矛盾するものの、戦後日本における様々な民主的社会改良の実際の場面において、天皇制が阻害要因になっている場面は原則的に存在しない。象徴天皇制が社会改良を妨げているという事例は寡聞にして知らない。言うまでもなく王室を護持しつつ高度な民主主義社会を達成している国は、英・蘭・スウェーデンなど例示すれば幾らでも存在するからだ。

E・トッドは、先進工業国における民主主義社会のありようを「米英仏型」「独日型」「ロシア型」の三つに類別した。米英仏型は市民革命を経た経緯があり、後れた工業国である独日は民主主義の形態をとりながらより権威的であり、ロシアは更に特異な封建的性格を内包しているとする。このなかで確かに独日は近代化が後れたために、書類上民主主義を採りながらも米英仏ほどの極めて能動的な民主主義的自意識を形成するには至らなかった歴史を有する。こういった系譜が戦後の日本にも瀰漫していることが、戦後民主主義を不完全なものとして人々に受容させたことはおおむね間違いではない。

社会学者の宮台真司は『民主主義が一度もなかった国・日本』(幻冬舎)の冒頭でこう述べている。「政治の話をするとき、僕は乗り物のバスに喩《たと》える。運転手は乗客たちとの契約に従って運転している。乗客たちが国民にあたり、契約が憲法にあたり、運転手が統治権力にあたる。近代国家というバスの本義は、乗客たちが運転手に、その都度目的地を告げ、徹底監視し、文句を言うことだ。

ところが、敗戦後の日本は一応『近代国家』という建前なのだが、こうしたバスの在り方からほど遠かった。乗客たちは運転手に何もかも『お任せ』してきた。目的が自明（経済的豊かさ）だから、いちいち目的地を告げないし、ルートも運転の仕方も運転手の選択に委ねてきた」。戦後日本の民主主義を語るとき、この喩えは極めて慧眼である。このような観念が、建前だけは立派な戦後民主主義を「ただなんとなく、ふんわり」とした受容にとどめてきたのは事実だといえる。

作家で評論家の片山杜秀は『未完のファシズム』（新潮選書）の中で戦前日本の構造を次のように示す。いわく戦前日本は「（資源等を）持たざる国」の典型であり、よって産業を集積して生産を効率化することにより「持つ国（米、ないし英仏などの植民地大国）」に伍するべく重工業化を図るしかないが、明治天皇制国家の構造（天皇以下の政府における権力集中を防ぐ）がそれを邪魔したため、あらゆる分野での「ファシズム」運動が不徹底——つまり未完に終わったのだ、と結論している。

片山によればそもそも戦前日本における日本型ファシズムが中途半端なものであり、であるがゆえに完全に統制されて合理的な計画経済や統制社会の建設に日本は失敗した。この説を全面的に肯定したうえで更に付け加えるとすれば、戦前日本のファシズムが未完のものにとどまって、真に完成されたファシズムでは無かったことから、そのファシズム体制への打撃、つまり「敗戦」という衝撃はそこまで大きくなかったともいえる。高度に完成されたファシズムが自明のごとく音を立てて崩れればその反動も極めて大きいが、そもそも片山によれば戦前ファシズムは未完に終わっているので、敗戦の衝撃は比較的軽減され、さまざまに吸収されやすかったとも言えるのではないか。

更に進めれば敗戦期に「一応」瓦解したとされるこの未完のファシズムすら、戦後も構造的に継続されていたとしたらどうだろうか。中途半端なファシズムは、憲法が書き換わり軍構造が無くなったことについては大きな変化だが、その実態はまるで変わらず、これまた中途半端に進歩的意識と封建的意識が混合したままで戦後も継続されていたことにこそ、戦後民主主義が持つ特異な脆弱性の本質があるのではないだろうか。

私としての結論を述べれば、戦前と戦後の日本は、憲法という看板のかけ替えが起こっただけで何も変わっていない。第一に、戦後日本における「民主改革」が未完に終わっている。GHQによる所謂民主改革は、男女普通選挙を実施させ財閥を解体させ農地を解放し小作農を根絶させた、と教科書的には示される。しかしこうした民主改革は不徹底なまま、戦前の支配者が戦後もまた舞い戻った。所謂「逆コース」である。戦前日本のファシズムが未完であるとすれば、それに対をなす「はず」の戦後の民主改革、つまりそこを苗床とする戦後民主主義もまた未完に終わったのである。

未完のファシズムを構成した様々な人々が、そのままファシズムという軍服を脱ぎ捨て、これまた中途半端に形だけの戦後民主主義の衣をまとったのだ。そのために、戦後民主主義もまた中途半端な未完の状態に終わって現在に至っている。そしてそれは占領軍（GHQ）の強い意向の産物であった。ここにこそ敗戦後の日本の精神的弱さ、近代国家を建前としながら脆弱な民主的自意識しか形成できなかった本質がある。

ナチを否定した戦後ドイツとの違い

戦後のドイツは東西共に徹底的な非ナチ化が進展した。戦後東西ドイツはナチを自発的に否定することから始まり、自らの手で社会のあらゆる場面からナチ関係者を追放した。尤も、戦後だいぶ経ってから「実はナチと関係があった」などと発覚する事例は少なくなかったが、それでもナチ否認は戦後ドイツの根幹を形作っている。

ナチ・ドイツのファシズムは究極的に完成されたファシズムの姿である。ファシズムの始祖はドイツではなく1922年のローマ進軍にはじまるムッソリーニのイタリアであったことは言うまでもない。ちなみにファシズムの語源は「結束」を意味する。よってイタリア・

ファシスト党の党旗には結束を意味する木の束と斧《おの》が冠されている。イタリアは日本同様、第一次大戦の戦勝国であったが十分な勝利者としての利益分配が不十分であったことに不満を抱いた。第一次大戦は人類が経験したはじめての総力戦であるが、主戦線は西部戦線（独仏）と東部戦線（独ロ）に集中しており、イタリアは確かに対独戦に勝利したものの、軍事的貢献では従とみなされて想定した領土的野心は達成されなかった。

そこに世界恐慌が重なったため、ただでさえ脆弱な国内工業力の生産力不足を植民地のリビアやソマリランドからの搾取から補塡しようとし、その延長でエチオピアへの侵略を開始（第二次エチオピア戦争）して英仏等との対立を深めた。日本もイタリア同様第一次大戦の戦勝国だったが、世界恐慌が起こるや国内生産の脆弱性を満州侵略によって補塡しようとしたことと相似である。

しかし、イタリアのファシズムとナチ・ドイツのファシズムの決定的な違いは既存の宗教勢力との関係性である。ムッソリーニ率いるイタリア・ファシスト党は、簡単にいえばカトリック教会と結託した。スペイン内戦を経て共和政府を倒し、独裁者になったスペインのフランコ政権のファシズム体制もこれと似ており、既存の教会勢力がファシズムの支持者となり協力者になった。

ナチ・ドイツはこれとは異なっている。ナチは既存の宗教勢力をナチ党の支配下に置き、厳重な統制を試み政治的圧迫によって恭順させようとした。伊西のファシズムが教会権力と結託したのと比べて、ドイツのファシズムは極めて人工的であり、教会はナチ党の下部装置として統制されることになる。ヒトラーは書類上キリスト教徒であったが、戦後様々な研究の上導き出されたのは、彼が信じていたのは神ではなく「生存競争（社会ダーウィニズム）の結果」、自らが勝ち得た「才能」であり、ドイツ国内の様々な階級を自らのコントロールの元、人工的に統制しようとした点である（詳細は拙著『ヒトラーはなぜ猫が嫌いだったのか』を参照のこと）。

その結果、1933年にヒトラー内閣が組閣され、様々な白色テロによってすぐに全権委任法により権力を掌握すると、ヒトラーはあらゆる社会階層、あらゆる権益をナチ党の利害の下にコントロールし、それが最終的に総統（ヒトラー）に繋がる究極の中央集権体制を創り出した。ナチ・ドイツのファシズムはこのように既存の宗教勢力といった社会の中にある慣習や伝統を完全に断絶させ、否定する運動であり、一応それが完成を観たという点において究極のファシズムである。ナチ・ドイツの完成されたファシズムが故に、それが軍事的敗北によって完全に瓦解させられた衝撃は、未完のファシズムを擁した日本よりもあらゆる意味で徹底的な「破壊」であった。

一方で戦後日本は占領期の初めだけ戦前ファシズムの構成者、つまり旧体制の追放が起こったが、すぐに撤回された（逆コース）。GHQの意向により、戦前の日本型ファシズムの構成者が戦後も社会の中枢に居座ることが許容されたのが、戦後ドイツとの決定的な差異である。

逆コースの理由は、東西冷戦の勃発とともに極東における反共基地として日本を経済的に復活させる必要性をアメリカが強く志向したからである。東西冷戦は1945年5月にナチ・ドイツが崩壊した直後から事実上始まっている。ベルリンを占領した米英仏とソ連には、当初からドイツ占領方針に際して不協和音が鳴り響いていた。これが所謂「ベルリンの壁」建設に繋がり、ベルリン空輸を経て本格的な東西対立に繋がっていく。

極東では毛沢東の中国共産党が蔣介石を台湾島に追いやったこと（第二次国共内戦）から、たちまち東西冷戦構造が可視化され、不幸な朝鮮戦争へとつながっていく。極東において、「反共の防波堤」として経済的な砦となりうる可能性があるのは日本をおいてほかに無かった。当時マルコス独裁のフィリピン、グエンのベトナム、立憲君主制を標榜するタイ王国、独立したばかりのインドネシアも反共国家だったものの、経済基盤が脆弱すぎて軍事的な対抗基地となるには弱すぎたのである。

アメリカにしてみれば、日本に親米傾向を持たせたまま経済復興を成し遂げさせるのが、アジアにおける共産化を防ぐ最もコストの安い選択であった。そして日本の経済復興をより急ぐためには、どうしても旧体制の人々を戦後社会の中枢に復帰させるしか道は無かったのである。

ドイツは、遥かナチ以前のプロイセン時代から既に科学技術、医学、化学、工業技術、その他の分野において極めて先進国であった。第二次大戦が勃発する直前のオーストリア併合前の時代（おおよそ1937年頃）、ドイツのGNPはおよそ日本の2・5～3倍であった。当時の日本の人口が台湾・朝鮮等の植民地を含めて約1億人であり、ドイツのそれが約6800万人であったことを考えると、一人あたりGNPの日独格差はどのようなものであったか書くまでもない（ちなみに2022年現在の日本のGDPは、ドイツの約1・15倍である）。

戦前の日本は極めて貧しく、戦災で被った約310万人の死者と国土の荒廃から復活させるためには、旧体制を刷新してゼロから再工業化を図る基礎的な体力が無かった。ドイツには前述のように潜在的な技術力があったので、国土が東西に分断されてもそれが可能であった。そしてドイツ工業の伝統的心臓部を形成するルール地方（エッセン、ドルトムント、ケルン、ミュンスター、デュッセルドルフなどの重工業都市）が、そっくりそのまま西ドイツの領域に残されていた。しかし日本の場合はそうではなく、そもそもドイツに比類するような高度な重工業地帯が、所謂「太平洋ベルト」地帯にすら存在しないのである。戦前日本の経済基盤が弱すぎたために、それを復興させるためにはどうしても戦前からの人脈を社会の中に復帰させるよりほかは無かった。日本はドイツと違い、ゼロからの新国家建設に耐えうることができなかった。とりもなおさず戦前日本の国力が弱すぎたせいである。

翼賛系人脈の残存

よって戦後日本は、政官財あらゆる部分で旧体制が温存されて再出発した。戦後日本の再建と強化のためには、まずは政治体制の安定が絶対条件である。よって政治の世界では巣鴨プリズンに入獄した戦犯が釈放され、政界に続々と復帰した。書き出すときりがないが、満州経営の要職を占め、東條英機内閣で商工大臣を務めた岸信介が自民党総裁となり総理大臣になったのを筆頭として、「作戦の神様」と謳われた陸軍の辻政信は国会議員になり、真珠湾攻撃の立案者とされる海軍の源田実が参議院議員となり、第6代朝鮮総督で陸軍大将だった宇垣一成も参議院議員になった（全て自民党）。

1942年の所謂「翼賛選挙」において、翼賛政治体制協議会推薦で当選した国会議員たちは戦後追放され、吉田茂を筆頭とする戦後政治家は、翼賛体制から警戒された所謂「非翼賛候補」から出ている。これが自民党の「保守本流」と呼ばれる派閥集団らの母体となっていることは間違いない。が、全てではなく後に自民党の清和会に繋がる鳩山自由党の一派は、岸をはじめとした翼賛系人脈の残存である。つまり自民党の半分ないしは、どんなに少なく見積もっても3分の1ほどが戦前からの「留任組」で占められていたのだ。公職追放された人々の多くは、逆コース以降またあらゆる分野に戻って各個の現場で中枢を担うことになる。こうして戦後日本は看板のかけ替えが起こっただけで、戦前体制がそのまま引き継がれた。これらのほとんどの部分で、アメリカによる極東戦略の思惑がそれを強く後押しした。これが戦後日本の社会構造の偽らざる実態である。

自民党は大きく分けると宏池会・経世会系の保守本流と清和会の保守傍流の三つが合体して成立しているが、少なくとも清和会の系譜は戦前の旧体制で支配層だった人々が色濃い。そして清和会は2000年に成立した森喜朗内閣を経て、小泉純一郎内閣以降、第一次安倍、福田（康）、第二次安倍と21世紀の自民党政権の中で長期政権を構築し、完全な主流派に躍り出ることになった。戦後ドイツではヒトラー内閣で閣僚だったり、ドイツ国防軍で将官や参謀だったりした人が戦後の政権に参画した例は無い。

財閥は確かに解体されたが、例えば三井、三菱、住友、安田、日産はグループ企業として再建され現在も日本経済の中枢にあるし、官僚機構も一部を除きやはり温存された（詳しくは、野口悠紀雄の『戦後日本経済史』〈新潮選書〉を参照のこと）。

民間分野では全国紙・ブロック紙・地方紙などの新聞メディアの統合と整理、電力９社体制によるエネルギー供給事業者の寡占、タクシーを筆頭とする旅客運送業者の許認可業……等々。これら生活の中で出会うことが多い分野も、全て戦前に整えられた制度を戦後も変えることなく運用してきた結果なのである。

とはいえこのような産業集積も、片山によると未完の範疇に入る。それは極めて正しい。なぜならこのような統制を行ってもなお、日本経済の主要部分は近代化の遅れた零細企業が占め、その構造は高度成長時代も維持され、ひょっとすると現在でもまるで変わらないからである。正確にいえば〝全て戦前に整えられた「中途半端な統制」制度を戦後も変えることなく運用してきた結果〟と言った方が正しいのかもしれない。

むろん、こういった人々やシステムが戦後日本を引き継いだからこそ高度成長があったともいえる。国家からの指導や方針により、産業システムを集積した方が生産効率は良い。一般的に民間部門は、雑多な資本家がそれぞれ思うように小資本を供出して自由放任の元に営利を追求していたのでは、規模の優位性をなかなか達成できない。つまり小資本の自発的な統合までに長大な時間がかかる。通常、このような民間部門の猥雑性は資本主義の亢進によって「自然淘汰」のごとく高度化されていくのだが、資本家の自由意志に従っていたのでは時間を要するため、政治権力によって強制的に統廃合を試みたほうが早期の発展を期待できるので効率が良い。現在でも大企業の経営統合には多くの時間と労力を要するのがその証左である。このような考え方で登場したのが、戦前の「革新官僚」と呼ばれる官僚勢力である。

イデオロギー的には相容れないが、経済方針としてはソ連の五か年計画（計画経済）を模倣して非効率な民間部門を「上からの強権」によって統合して合理化を図り国力を増進させるべきである――。これを志向した「革新官僚」の筆頭こそが岸信介であった。ソ連はロシア革命を経て成立したのは言うまでもないが、資本形成に必要な資本家による余剰生産力の蓄積が十分ではなく、国内の工業化のためには「上からの強権による産業集約」が必要であった。

勿論のこと革命以前のロシアは部分的に工業化が為されていたとはいえ、西欧に比べて工業化が遅れたために資本蓄積が十分ではなく、早急な生産増大の為には巨大な資本家の代わりになる集権的な政治勢力を必要とした。この役割を担ったのがソ連共産党である。マルクスは「高度な資本主義から社会主義、ひいては共産主義が生まれる」と予言したが、高度な資本主義社会ではないロシアで社会主義を達成しようとすれば、脆弱な存在でしかなかった資本家の代わりに共産党という「政治権力を含意した人工的巨大資本家」が必要とされた。つまり「革新官僚」とは、未熟な資本主義社会にあって、長大な時間経過によって生まれる巨大資本家の存在をショートカットする代替装置の役割を担った。

戦後日本では、このような社会改良を志した「革新官僚」の多くは岸がそうであったように戦犯訴追を逃れた。革新官僚が戦前に企図した「上からの統合」を日本国憲法の下、再び合法的にかつ強力に推し進めた結果が高度成長だったともいえる。彼らの大部分は逆コースで復帰し、永田町や霞が関に居残った。戦後日本経済が省益の誘導、許認可行政の賜物と言われるのにはこの背景がある。

戦後日本が「一応の近代国家でありながら、民主的自意識が弱い」ことの理由は、そもそも社会システムの中に戦前体制を徹底的に否定しない構造をそのまま持ち越したことにある。これが「憲法上は米英仏型の民主主義社会」を謳っていても、実態はそうではない理由の大きなひとつである。戦前の「遺産」をそのまま活用しなければ戦後日本の再建ができなかったので、戦前体制を引き継がざるを得なかったことが人々の意識改革をも不徹底にさせている最大の原因である。

意識改革が先行するのではなく、社会の封建的構造が人々の社会意識を規定するのである。この戦前と色濃く連続する社会構造を有する体制こそ、戦後日本の真の姿である。軍部が無くなっただけで、他の部分は政官財・市井の生活スタイルに至るまで、そのまま戦前を継続させている。男尊女卑は弱くなったが継続され、性的マイノリティへの蔑視は残置され、アジア初の同性婚法は日本ではなく台湾が先行している。

契約の意識が薄い経営者は労働者に過度な要求を行い、労働者側も黙々とそれに従っている。ディスカッションの文化が弱く、誰が多数派であるかばかりを気にし、権力への無批判と異論者への揶揄がクールだと思っている。自身の見解を述べることが正義ではなく、付和雷同するのが良いことだと思っている。およそ高度な民主主義国家では発生しようがない自意識である。こういったあらゆる後れた民主的自意識は、戦前との断絶がなされていない戦後日本の根本的形質に起因する。

疑似軍隊としての学校、企業

このように戦後日本の中枢が戦前の体制を色濃く温存したままスタートした以上、それを支持する市井の人々の意識もまた根本的変化は無かった。敗戦まで大政翼賛会を支持していた人々は、確かに「国民主権・基本的人権の尊重・平和主義」などを肯定したが、根底の意識が改革されたわけではない。よって彼らが受容したはずの戦後民主主義的価値観とか戦後民主主義的意識も、総じて「ふんわり」「ぼやん」としているのである。ネット動画という「一撃」にいつでも付け入られる「スキ」が元々存在していたのだ。

最近では流石に問題になるが、教育機関の中における体罰や「丸刈り」校則は旧軍の体質とまるで変わらない。そして安全上の危険が指摘されている組体操や、封建的意識を引き継いだ学校現場での儀礼や慣習等は今でも残存している。少し前までは「日本株式会社」とか「モーレツ社員」などと呼ばれた時代があった。銃をソロバンに持ち替えた商社員が世界を闊歩したのである。軍隊を失った一方、企業が疑似軍隊になって終身雇用を筆頭に、結婚や住宅、育児や福祉の一部までも提供した。

悪辣な違法企業はブラック企業などと揶揄されるが、労働者の人権や権利を無視したやり方が平然と横行している。大企業ですらその例外ではない。なぜこういったことが起こるのかというと、経営者のみならず、それを問題とも思わない一部の労働者側も共に人権意識や契約の概念が低かったからである。戦後民主主義が完遂されていればこのような問題は慣習となることは無いはずだが現実には起こっている。人々の意識は改革されていない。
就職活動で皆一様のリクルートスーツを着て企業を回り、いざ内定を経て入社式となったら皆同じ格好で同じ方角にお辞儀するという場面を目の当たりにするにつけ、旧軍の強い残滓を見る。なぜ彼らは常に同じ格好をして、同じ髪型をして、同じ決まり文句（社会貢献がしたい）などと唱えて企業に面接に行くのだろうか。多様性（ダイバーシティ）とは何なのか。要するにあらゆる分野で日本は旧体制とそれを支えた意識が温存されたままになっている。戦前の構造が完全に解体されなかったからこそ、人々の意識の中の戦後民主主義も不徹底なまま、弱いまま、未完の状態で終わってしまったのである。

札幌市のど真ん中の家庭で見た「未完の民主化」

例えば私の父親はくだんの鈴木父より少しだけ若く１９４７年の生まれで現役時代は公務員であった。高級官僚ではなく、かといって下級官吏でもない典型的な中間階級第一類（第二章を参照）の人で、一貫して社会党に投票していた。しかしＬＧＢＴや所謂「ブルーカラー」に対して極めて差別的だった。タクシーの運転手を「社会の落後者」と公言し、私が小学生の時に親孝行と思って父親の足の爪を切ってあげようとしたら、「おかまみたいなことをするな」と激怒された。

私の母もほぼ同世代で朝鮮戦争のころに生まれた。母の高校の学校祭では、クラスメイトと一緒に巨大な箒の模型を作って、そこに「戦争ホウキ」とペイントして飾ったとよく語っていた。単なる語呂合わせのギャグにすぎないが、彼らにとって戦後民主主義の受容とはこの程度のものでしかなかった。

そして母は、事あるごとに「日本でも徴兵制を導入した方がいい。軍隊に行って鍛え直してもらえ」と私を説教していた。そして私に「私をママと呼ぶな。お母さんと呼べ」と強く要請した。なぜなら「ママと呼ばれると、まるでホステスみたいで嫌だから」という理由だった。ちなみに母も社会党支持者だった。

そしてこの母は、後に病気をしてライトシニアの年齢になるや日本会議を構成する或る宗教団体に入信すると、いとも簡単に自民党の〇〇議員を応援してほしい、という活動をするようになった（現在はやっていないようだ）。

彼らは親戚の寄り合いがあると、まず上座に男が座り、女性が料理を作ってせっせとビールを運んで給仕をすることに何の疑問も違和感も抱かないでいた。それでいて選挙の時には社会党に投票していた。当時地元では社会党の代議士が強かったので、単にそれに追従した結果でありイデオロギーが理由ではなかったのだろう。昭和の時代ではなく、1992年ごろの話である。そしてこれは過疎化の進む保守的な寒村の話ではなく、政令指定都市札幌のかなりど真ん中に於ける家庭の話である。

私の親戚のほとんどが地元の、全国的には超有名ではないが物凄く簡単に入ることはできないというレベルの国立大学の卒業者だったが、その中の一人は、自分の子息が入部していた剣道を辞めたいと言い出すと絶対に許可せず、氷点下になる北海道の戸外にまだ中学生だった私の従兄弟を放り出して「剣道をやめることを撤回しなければ、絶対に家に入れない」と強制して数年間剣道を続けさせた。そしてこれこそが正しい教育方針であると大真面目にしかしげらげら笑いながら語った。この人は当時公立中学校の教頭で北教祖（日教組加盟団体）の人だった。彼らの人生の中には、人権の「ジ」の字も存在していないようだ。

戦前と戦後の連続による未完の民主化と、看板だけ導入された戦後民主主義は、到底「確固とした価値観」を形成しない。戦後民主主義をただ漠然と、長期間に亘って長く受容すればするほど、ますますその価値観は弱くなっていく。金属疲労という表現があるが、彼らにとって戦後民主主義は金属のような硬いものですらなく、もともとふにゃふにゃとしているので、普段では考えられないほど「些細な」一撃があると途端に破綻してしまうのである。漠然とした受容の期間が長ければ長いほど、右傾的ネット動画への接触可能性は累積で増えていくわけだから、生きてきた時間が長ければ破綻の可能性は高くなっていく。こうしてシニアは、加齢して必然的にシニア右翼に転向する素地を持つに至るのだ。

②民主的自意識の不徹底

「半農国家」戦前日本の実力

戦前の日本は典型的な半農国家であった。植民地（朝鮮、台湾など）を含め1940年の段階で約1億人（正確には9800万人）の人口のうち、内地（本土）人口は約7300万人で、そのうちの約63％にあたる4550万人は都市ではなく郡部に住んでいた。概ね日中戦争勃発期（1937年〜）における農業人口は約1400万人とされ、日本国民の約2割以上が農業従事者であった。

明治維新以降80年をして確かに日本の工業化は進んだが、アジアにおいては一番進んでいるというだけで、戦前日本の輸出品の筆頭は絹・糸などの繊維製品であり軽工業である。日中戦争が勃発すると翌1938年に国家総動員法が施行されあらゆる産業の集約化が進んだが、それでも日本のGNPは1940年時点でイタリアよりは少し高く、フランスと同等程度というところであった。ちなみに当時のフランスは4000万人、イタリアが4500万人の人口である。一人当たりGNPでは日本が真珠湾攻撃を行った時点ですらイタリアの半分に過ぎない。2022年のイタリアの一人当たりGDPは約3万5500ドルだが、その半分というと大体2021年のイラン（1万8000ドル）と同じくらいである。国をあげて産業統制をしても、日本経済の実力は「この程度」というのが実態だった。

敗戦後、全ての植民地と海外領土を失った日本は、700万人ともいわれる引揚者でたちまち過剰人口に悩んだ。戦災によって敗戦直後の鉱工業生産は1936年時点に比べて約25%になってしまい、大正時代後期とほぼ同水準となった。つまり昭和が始まって約20年分の成長を馬鹿げた戦争で全部どぶに捨てたのである。

このような惨憺たる日本経済は朝鮮戦争の特需により息を吹き返し、1955年には日本のGNPは戦前の最高水準を回復した（産業部門別にみると、それ以前に回復したものも少なくは無い）。この後、日本経済は「奇跡」と呼ばれる高度成長を遂げていくことになるが、これを支えたのは豊富で廉価な労働力である。郡部に住んでいた4550万人の人々の少なくない部分が都市部に移住し日本史上かつてない規模の人口移動が起こった。農村部の人々がこぞって都市部の、主に製造業に従事することにより、日本は旧植民地や海外からの移民を必要としないで大きな労働力需要を補えたのである。

郡部が自民党を支えた

農村部に住んでいた青年層が（相対的に）高い賃金と都会の暮らしに憧れて、続々と東京・大阪・名古屋・福岡（北九州）などの太平洋ベルト地帯に移住した。こういった人々は、中学校卒業程度で上京（ないし上阪）し、所謂「金の卵」と呼ばれた。集団就職が有名であるが、期待していた大都市での生活と現実とのギャップに悩みながらも、劣悪な労働環境や住生活に耐え高度成長の下支えを担った。

かつての農村部には封建的価値観が瀰漫していた。それは明治以降に導入された家父長制の残滓である。勿論、かつての農村部全てが封建的価値観に支配されていたといっているわけではないが、洋の東西を問わず郡部は保守的な風土や倫理観を持つ人々が多い。簡単にいえば都市化は人々の「おらが村」根性を希釈化させ人々の相互関係をフラットにするが、人口が少ない郡部ではその人口密度の低さがゆえに人間関係がダイレクトに可視化されるため、どうしても既存の価値観――つまり封建的人間関係を忖度する精神が働く。

こういった農村部の封建的価値観を引きずったまま、大都市部に出てきた人々は政治的にどのような姿勢を見せたのであろうか。まるで「裸一貫」でこれといった人脈もなく、社会的に孤立しがちであったことも踏まえて、その政治的不満や鬱憤を補ったのが創価学会を最大の支持母体とする公明党であることはコラム1で先述した（詳細は『公明党　創価学会と50年の軌跡』中公新書、薬師寺克行を参照のこと）。

大都市における下層民になりがちだった彼ら上京（上阪）組は、精神的救済を求めて創価学会に入信するケースが少なくなかった。宗教は人と人との縁を結ぶ潤滑油の機能を果たす場合も多い。都市に流入した低練度労働者は、その境遇を不満であるとして過激なデモなどに身を投じる者が少なくは無いが、日本の高度成長期にあってはその不満を創価学会に代表される新宗教が吸収したことにより、社会的緊張が緩和されたのである。

一方、１９５５年11月に所謂「保守合同」を通じて、その後永らく現在に至るまでの政権与党であり続けることになる自民党は、こういった都市下層の人々を軒並み公明党に獲得されたので主な支持基盤にはしなかった。戦後の自民党支持基盤は確実に郡部を主体にしたものであった。つまり自民党は「金の卵」として上京した人々ではなく、彼らを駅で見送った人々――つまり地方に居残った人々を対象にしたのである。

前提的にはGHQによる農地解放がある。戦前の大地主は概ね解体され、零細の独立自営農民が続々と誕生した。廉価で土地を払い下げられた独立自営農民は、郡部において強力な自民党の支持基盤になった。また人口が大都市部に流出する中で、地域経済はすでに高度成長時代から疲弊していたが、衰微しつつあった地方に補助金や助成金を投じることにより、地域経済の主体である中小零細事業者（商工会、商工会議所など）は中央から郡部への再分配を強く期待した。

これに忠実に応えたのもまた自民党であり、こうして所謂「利益誘導型」政治が完成した。戦後日本では戦前からの革新官僚が更なる産業集約を合法的に行ったため高度成長の要因のひとつになったと説いたが、すべての産業が集約されたわけではもちろんない。旧財閥の流れをくむ大資本で、とりわけ鉄鋼、造船、化学などの重厚長大産業に著効し、この分野でつかのま世界企業が誕生することになった一方、それ以外の分野での集産化は遅れた。政治的にはむしろ、非効率で低生産にとどまった郡部の産業や階層こそを自民党が支持基盤として護持させた二面性を有する。

「今太閤」と言われた田中角栄は新潟の雪深い郡部に強大な支持基盤を築き、これを「越山会」と称した。角栄がロッキード事件で逮捕されても変わらず強力な後援会として角栄に1票を投じた彼らは、自民党を離党してのち角栄が「闇将軍」となる権力をも下支えしたのである。角栄の原動力は、高度成長から取りこぼされがちとなり疲弊する農村郡部であった。

こうした戦後における伝統的な自民党の支持基盤は、大都市における中産階級や大企業から供される税収を、低集積・低効率の産業に依拠する郡部に再分配することで成立した。それが地方経済を結果的には「箱もの」に代表される公共事業で下支えすることになり、いつまでたっても根本的な構造改革から遠ざけさせた。ここでいう構造改革とは市場経済において競争力を持たない非効率的な産業や企業の淘汰である。

郡部における非効率な産業はこうして延命され、日本社会における「二重構造」――つまり大都市部の大企業は欧米並みの近代設備を備え世界的にも進んだ技術を有する一方、郡部では戦前と大差ない低生産の産業が寡占したままという構造――が改善されることなく残った。戦前の旧財閥は戦後、国家主導の集産化によってますます肥大したが、郡部の非効率産業は一方で自民党の政治基盤となったために、未改革のまま放置されるどころか、利益誘導によって逆に庇護・温存されたのが戦後日本経済の特徴である。

1票の格差が「保守王国」を育んだ

この構造の背景には郡部と大都市における1票の格差が関係していた。「1票の格差」が裁判所で盛んに「違憲状態」と判断される前の時代、衆議院であってもその倍率、3倍4倍は「問題である」と認識されながらも実際には許容とされていた。東京都民の1票は例えば島根県民の4分の1であった。1票の格差を限りなく平等にすれば、戦後のある段階から自民党が政権与党になることはできなかったが、票の格差が放置されたために自民党は優遇された地方の票を基礎として、「実態の支持よりもはるかに多い」議席を獲得できたのである。

55年体制を確立した自民党はこうした選挙制度上、極めて優遇された郡部からの支持によって議席を獲得し、こういった選挙システムの「からくり」を後ろ盾にすることで政権与党に「居座った」のである。

例えば岸信介内閣下における初めての国政選挙である1958年衆院議員選挙を見てみる。最も自民党の得票率が高かったのは、当時（中選挙区）の愛媛、熊本、鹿児島、南房総（千葉）、佐賀、石川、富山、和歌山、青森、島根などの選挙区である。

高度成長のただなかである1967年総選挙でのそれは、同じく石川、愛媛、南房総、熊本、鹿児島、富山、福井、岐阜、和歌山、佐賀、山口、島根などの選挙区である。こういった選挙区は後に「自民党王国」とか「保守王国」などと呼ばれることになる。大都市部よりも優遇され、事実上「実際の人口よりもはるかに多い」議席を輩出した。その議席のほとんどは自民党である。こうした選挙制度の偏重を前提にして成立したこの傾向は、平成期に至るまで——そして現在でもほとんど変わっていない。

このようないびつな政治体制は郡部における保守的風土をそのまま温存させ、またそこから重要な政治家が輩出されたので、戦後民主主義的な価値観を看板に掲げながらも実際としては真に民主的自意識をはぐくむことを抑制した。大都市部に住む中産階級が全て民主的で、農村部は遅れていると言っているわけではないが、戦前から続く郡部の封建的因習や価値観はほとんど解体されることなく、戦後も政治体制の中に組み込まれることになった。例えば社会構造の中にある「女性活躍の著しい後れ」はこういった戦後システムの中にその源流を見出すこともできる。

職能団体による与野党支持

工業化の過程により大都市部に誕生した中産階級は、一般的にその経済力や納税額に対して自分たちの権利・権益が相対的に不足していると感じる。都市部の中産階級は進歩的な高等教育を受ける機会に恵まれるので、その不満を理論化して権力に批判的な姿勢に転換する。よってあらゆる革命は、都市部の中産階級を主体として引き起こされる。フランス革命は言うに及ばずだが、キューバ革命も郡部・農村部ではなくハバナなどの大都市部における中産階級が強く支持した。ロシア革命ですらも相対的に資本蓄積が進んだヴォルガ川流域に存在した中産階級（ユダヤ系）が重要な支持勢力となった。このように封建的価値観を打破し「民主化」を求める運動は、ほとんどの場合農村ではなく都市部の中産階級から沸き起こっている。

これを日本に当てはめると、戦後民主主義の強力な推進者は都市部の中産階級を主体としてもよいが、なまじの新憲法体制によってまったく都市部の意見が封殺されたわけではないので、看板として掲げられた戦後民主主義を真の意味で強く推進する政治勢力があまり育たなかった。韓国や台湾、フィリピンのように強権独裁の中、徹底的に彼らの声が封殺されたわけでは無かったので、戦後における市民革命も存在しえなかった。

郡部の票が実態より多く出力され、その見返りとして中央から地方への非効率的な再分配が是認された戦後の政治システムでは、市民生活に存在する職能を政治的目的――つまり自らの業界への利益誘導こそを至上目的とする政治的関与――へと作り替えていく。つまり自民党を支持する職能団体――地方における農林水産業（農協・漁協・土地改良組合など）、土建業、運輸業、中小零細企業からなる商工会や商工会議所、そして郵便関連団体といった圧力団体――である。

市民が特定の業界の利益を代弁する職能団体を通じて政治に強い影響力を持つ関係性からなる社会をコーポラティズム（政策決定に企業や労組を参加させるシステム。協調主義などと訳される）と呼び、こういった現象は日本以外でも普遍的に見られるが、日本の場合それが自民党長期政権にあってあまりにも長く永続したために独特の形態をとる。

地方に強力な地盤を持つこれら職能団体は、戦後民主主義が真に遂行されているか、民主主義を護持しているかどうかという観点よりも、自らの業界にいかに利益が供され、再分配が行われるかを目的とするため、あまりに突飛な復古的価値観や傾向が出現しない限り、基本的に毎度の国政選挙で自民党に投票した。高度成長を経て日本が安定成長に転換してもなお地方経済は疲弊し続けたので、その不足需要を補うために益々利益誘導を企図する。こうして戦前は中央から県令が派遣される中央集権体制が、戦後は公選となりシステム上は分権になっても、実際は中央からの補助や助成に頼る不完全な地方自治が出現した。不完全な自治からは高度な民主的自意識は発生しない。こうして戦後日本は地方自治で大統領制的な制度が導入されたのに、その機能が発揮されずに「お上に頼る」風土が温存されることになった。

大都市部における都市下層の人々は、概ね創価学会を筆頭とする新宗教が吸収し、都市部の中産階級の政治力は労働組合を通して社会党に吸収された。社会党はそもそも地方に有利な選挙システムの都合上、総じて衆議院にて80議席から130議席を獲得するにとどまり、政権交代に必要な政治勢力を持たなかった。

また中選挙区では社会党の議員は郡部からも誕生したので、農村部から中央に持ち出された封建的因習の全てを破壊するような訴求力を持たなかった。社会党の支持基盤もまた労働組合という職能の利益を代弁したものにすぎなかったといえる。こうして「タコつぼ」的な社会の分断が進んだ。それぞれの職能が自らへの利益誘導を求めることのみが優先され、社会の公正な発展とか民主的傾向の深化という方向に職能の力が発揮されることは無かった。

都市部政党への脱皮を狙った小泉構造改革

この構造は、バブル崩壊以降の平成期そして現在でも大きく変わっているわけではない。むしろ経済的不況により加速度的に地方経済の疲弊が進んだので、これらの職能団体は益々中央からの「利益誘導」を求めるようになった。言うまでもなくこのような利益誘導政治を強力に行ったのは、田中角栄を筆頭とする自民党旧経世会系の流れをくむ派閥である。

1990年代は構造不況とされ、日本の経済成長率がマイナスを記録（93年）した。この間、非自民、非共産の細川及び羽田の各連立政権を除き社会党との連立（自社さ連立）という荒業を使ってでも政権にしがみ付いた自民党は、90年代半ばから後半にかけて橋本・小渕が登場し経世会系（平成研）が寡占した。この政権は本来であれば市場経済の中で淘汰されるべき非効率的な産業を、国債発行による公共事業によって救済し続けた。バブル崩壊後、産業構造の転換は市場の要請の中で自然に進むはずであったが、国家がこれら非効率的な低生産分野を救済したため産業の刷新が進まなかった。他方、アメリカで製造業が衰退したのちＩＴや金融に産業が移行し、新興のＧＡＦＡが誕生して主要企業が交代したり、韓国でサムスンやＬＧが大躍進したような構造改革が行われたりした事例がないまま、日本は21世紀を迎えて現在に至る。

２００１年に小泉内閣が誕生して「自民党をぶっ壊す」と叫んだその「自民党」とは、正確にいえば旧経世会系によって１９７０年代以降とりわけ露骨となった利益誘導型のコーポラティズム社会の解体であった。そのやり玉に挙げられた存在こそ郵政関連団体であり、つまり郵政民営化である。ここに巨大な権益を有していたのが旧経世会である。

小泉の激しいパフォーマンスが奏功する形で自民党は初めて都市部の無党派層――都市部に住む中産階級――からの圧倒的な支持を獲得するようになった。だが、小泉自身が長期政権とは言え5年半で政権を終了させたため、所謂「小泉構造改革」はまったく不徹底なまま終わった。小泉構造改革とは、一言で言えば旧経世会が主導してきた利益誘導政治の終焉を意味するものであり、いびつな形で行われてきた中央から地方への非効率的な再分配の是正であった。小泉構造改革とは、旧経世会系を放逐ないし弱体化させる自民党の内部抗争であったと見ることもできる。

しかし小泉が幾ら構造改革を主張しても、雑駁に言って自民党の半分は構造改革によって「不利益」を被る地方を基盤としており、旧経世会系が最も打撃を受けるとは言えそのダメージは自民党全体に波及するものだ。特に比例代表でその影響は大きく、地方からの支持基盤を切り捨てても、その減少した議席を都市部で補うことができるか。自民党が地方政党から都市部政党に脱皮する試金石だった。

構造改革の不徹底

このように構造改革の進展は、文字通り自民党の政権党からの本格的転落（再転落）の危険性をあわせもつので極めて冒険的行為である。小泉から禅譲された第一次安倍政権では2005年の郵政選挙の際、自民党から離党した議員を次々と復党させることにより改革は大幅に後退した。なぜなら同内閣で実施される参議院全国比例（07年）で、自民党の比例票が減少することを恐れたのである。第一次安倍は参議院比例で短期的に減少する自民党票を許容することができないまま、古い体制を護持する道を選んだ（これが裏目に出て第一次安倍政権は参議院選挙に敗北し1年の短命で終わる）。

その後、福田（康）、麻生を経て2009年に民主党が政権交代を達成するが、この時の民主党は「コンクリートから人へ」を標榜したものの、実態としてはまたぞろ自民党の利益誘導政治をトレースしたものに過ぎず、農業団体への補助金行政（戸別所得補償）を打ち出し、一方では「事業仕分け」などしなくとも良い公共投資の切り詰めを行おうとする中、リーマン・ショック後遺症と東日本大震災により構造改革どころではなくなった。そもそも民主党は新進党を前身とし、さらにその前身は社会党の大部分と自民党経世会に属した小沢一郎一派の議員からなる。

彼ら自身が労働組合の利益を代弁する職能に支えられていたので旧態依然とした産業が淘汰される構造改革をすれば、支持基盤の少なくない部分は失業する。土台構造改革はなしえない相談である。２０１２年から開始された第二次安倍政権は「アベノミクス第三の矢」(民間投資を喚起する成長戦略)を標榜し一応構造改革路線を謳ったが、繰り返すように構造改革をすればするほど自民党は支持基盤を失うので、それはまったく手つかずのまま現在に至る。

菅政権を経た岸田政権では「新しい資本主義」を掲げてむしろ修正資本主義の立場を鮮明にした。「構造改革路線は行きすぎで弊害もあった」と彼らは総括するが、そもそも構造改革が行きすぎた結果日本経済が疲弊したのではなく、構造改革がまったく実行されないからこそ産業構造が古いまま温存され、それが故に日本経済はまったく浮揚しないまま枯死のように衰退しているのである。そして古い産業構造はそのまま古い社会体制を延命させる。古い社会体制からどうして真の民主主義的意識が生まれ、不完全な戦後民主主義の改善や点検がなされるのだろうか。

百年の計より5年後の生活

利益誘導のみに主眼を置いた日本型コーポラティズムとも呼べる体制はついに自己改革に至らぬまま、無為に時間のみが過ぎている。構造改革を行えば競争力を持たない企業は淘汰され短期間で失業者は増大するが、結果としては新企業や新産業の勃興により失業者は配置転換されるので経済はむしろ成長する。90年代後半に事実上経済破綻した韓国はＩＭＦの管理下のもと競争力が弱く低生産に甘んじる企業を淘汰させた。

このことにより１９９８年には６％後半になった韓国の失業率は21世紀に入ると４％以下となり、その経済成長率は日本を遥かに凌駕し、現在一人当たりＧＤＰの日韓差異はほとんど無くなっている。国全体の経済規模が拡大したので、防衛予算でも日韓逆転が起ころうとしている。最低賃金の分野では、すでに韓国の方が日本の平均よりも高い。このような構造改革があくまで韓国人個人にとって幸福だったのか不幸だったのかは定かではないが、経済成長という意味では韓国の選択は正しかった。

バブル崩壊後の日本では、このような「痛み」を伴う改革を行わなかった。「痛みを伴う改革――」どこかで聞いた言葉だが、日本の場合その痛みとは、自民党の支持基盤の解体である。自民党にとっては自党の存続を危うくするので実際に実行するのはよほどの強い信念がない限り無理な話である。そして日本型コーポラティズムにより永く自民党を支えてきた市民の多くも、自らの利益を手放すことになる短期的なダメージを許容しない。「国家百年の計」などというが、それよりも「自分の向こう5年、10年後の生活」のほうが重要なのである。それは結果として緩やかでかつ決定的な衰退を肯定することになるが、なまじ巨大な日本経済が完全に零落するのにはまだ数十年という時間が残されているといえる。日本がスペインやポルトガルのような「黄昏の帝国」になるまでにあと30年の猶予があるとすれば、現在60歳のシニアは90歳になっている。そのとき社会から完全にリタイアしているはずの彼らにとっては、後進が苦汁をなめるとしてもそんなに差し迫った問題ではない。今の生活さえなんとか維持できれば、後世に生きる子孫がどうなってもよいのである。明治の元勲が聞いたら泣くだろうが、元勲は生きていない。

マルクスによれば、社会の上部構造である政治や法律、倫理や道徳は、下部構造である経済・生産力によって規定される。マルクスの理論をすべて肯定すれば、生産力の増大がなければ政治も道徳も倫理も新しい段階に至らない。そして目下日本では、その生産力の増大が古い産業構造によって阻まれているどころか却って衰退させられている。古い産業構造の改革・改良がない以上、その上部に位置するとされる人々の政治意識や社会道徳もまた古いままで温存されるのは当たり前だ。戦後約80年を経ても、戦後民主主義は未完のまま終わっている。

③戦争の反省の不徹底――幻の戦争調査会

極東国際軍事裁判と「戦争調査会」

未完に終わった民主化、戦後の旧い経済・政治構造の護持。とそれゆえに不徹底にしか受容されてこなかった戦後民主主義は、同時に先の戦争に対する反省も中途半端なものに終わらせている。日本の敗戦によってGHQは第一次から始まり第四次に至るA級戦犯逮捕命令を出した（このほかにB、C級戦犯がいたが省く）。

第一次は日米開戦当時の内閣であった東條英機内閣の首班や閣僚が対象で、この中に居たのが前述の岸である。第二次以降は戦前の軍ファシズム体制を支えた有力民間人も対象となり、後に「戦後政治のフィクサー」と呼ばれる児玉や笹川らがいた。

結局、極東国際軍事裁判に起訴されたのはこのうち28名、死刑判決を受けたのは東條を筆頭とする7名である。他はほとんど不起訴になり釈放されるか、拘留中に獄中で死亡したり病没したりしている。釈放された有力者の中には、戦前「鬼畜米英」と言っていたにもかかわらず、釈放後は忠良な親米家になり所謂「親米保守」を形成するに至る者が少なくなかった。

この流れを汲むのが戦後の所謂「保守」であり、中心をなしたのが派閥的にいえば自民党清和会である。この清和会の前身ともいえる鳩山自由党（鳩山一郎）結党の際、巨額の資金提供を行ったのが戦犯として逮捕されたが起訴されず釈放された児玉（第三次Ａ級戦犯指定）である。

ＧＨＱによる日本の旧体制における有力者の逮捕と起訴は、アメリカを筆頭とする戦勝国による敗戦国への断罪であった。真珠湾やバターン捕虜虐待、中国大陸、東南アジアの占領地での加害者である日本の支配層が被害者から裁きに遭うことはそのやり方はさておくも、受忍するよりほかない。

しかし戦争で被害を受けたのは外国人だけではない。国家権力の無策の結果日本が負け戦をしたのだから、市井の日本人も被害者と言えるのであり、つまり間違った戦争をした戦争指導者の責任を当の日本人自身がどうとらえるのかという問題は所謂東京裁判とは別のところにある。

このように、先の戦争を日本人自身がどう総括するのかという着眼点から、敗戦からわずか3ヵ月の1945年10月30日に「敗戦ノ原因及実相調査ノ件」を東久邇宮《ひがしくにのみや》内閣に代わって組閣した幣原喜重郎内閣が閣議決定した。

その内容は、「大東亜戦争敗戦の原因及実相を明かにすることは、之に関し犯したる大なる過誤を将来に於て繰り返さざらしむるが為に必要なりと考えらるるが故に、内閣に右戦争の原因及実相調査に従事すべき部局を設置し、政治、軍事、経済、思想、文化等凡ゆる部門に亘り、徹底的調査に着手せんとす」というもので、幣原の決意がうかがえた。

幣原は政党政治が機能していた大正時代に永らく外務大臣（加藤、若槻、濱口内閣）を経験し（幣原外交）、日米開戦には一貫して反対の立場を取った進歩的政治家で、敗戦の原因究明を政府として行うことに心血を注いでいた。これを基に幣原は1945年11月「戦争調査会」を発足させた。

戦争調査会はなぜ短命に終わったのか

戦争調査会は政府直属の審議会であり、戦争指導者を刑事的に断罪するものでは無いが、失敗した戦争を日本人の視点からどう考えるのか、間違った戦争をどうとらえ、どう反省しその失敗の原因は何かを点検する機関であった。

なぜ日本は太平洋戦争に突入してしまったのか。もっと言えばその遠因である満州事変に日本が向かってしまった原因はなにか。戦争調査会は、第一部（政治・外交）、第二部（軍事）、第三部（財政・経済）、第四部（思想・文化）、第五部（科学・技術）の五部門から構成され、各界の専門家を招聘し多角的かつ徹底的な分析を試みようとした。が、翌1946年9月にGHQ総司令官マッカーサーの意向により、この調査会は解散することになった。既に同年4月には幣原内閣は総辞職し、代わって吉田茂（第一次吉田）内閣が発足していたので解散時の首相は吉田である。

戦争調査会は幣原内閣の強い意向で発足したが、すでに日本はGHQの占領状態にあったので、一旦幣原は調査会の発足についてGHQに伺っている。GHQがOKを出したから戦争調査会は発足したが、1年と経たずGHQがNOと言ってきた。なぜGHQは一旦許可した戦争調査会に解散指示を出したのだろうか。

戦争調査会の活動は短期間で終わったため、先行研究は豊富とは言えない。が、国立国会図書館から出された『敗戦直後の戦争調査会について―政策を検証する試みとその挫折―』（冨田圭一郎）に最も詳しい。

冨田によると戦争調査会解散の直接原因としては、ソ連とイギリスの反対があった。両国は第一に、日本の戦争指導者を断罪するのは連合国でなければならず、戦争調査会の行動が連合国の任務に越権するとして反対した。第二は、戦争調査会のメンバーの中に、戦争遂行に協力した科学者（具体的には、第五部の八木秀次博士）らが入っていることを問題視した。アメリカや中国（中華民国）はソ連とイギリスとは違う見解を持っており、戦争調査会の存在を肯定したが、連合国内での軋轢が高まることを危惧して、結局は解散指示に動いたという事である。

しかし幣原の「敗戦の究明」熱意は冷めず、政府でできないなら民間でやればよいという事で、戦争調査会解散直後の１９４６年11月には戦争調査会の民間版である「財団法人平和建設研究所」の設立構想をぶった。ところがこの財団法人の設立すらもＧＨＱは許可を与えなかった。ＧＨＱが執拗に民間団体での調査すらも否認した理由は、明らかになっていない。そのうち旗振り役であった幣原は、１９５１年に心筋梗塞で死去する。78歳だった。１９５１年に講和が成立して日本の主権が回復されたが幣原亡き後、日本が政府機関としてあの戦争の調査・究明・反省を行う調査会を設置することは二度となかった。

戦争の公的な総括は一度もない

占領中に連合国の様々な思惑により、日本人の手によって戦争を反省する機会が頓挫させられたのは極めて残念だが時代状況として仕方がない側面もある。だが主権回復後に同様の審議会をいくらでも設置することはできたはずである。それをしなかったのはなぜだろうか。

一つはすでに述べたように、その熱意を持っていた幣原が占領中に死去したこと。幣原があと5年程長生きしていたら、民間の中で実質的な戦争調査会は再興されていたかもしれない。

二つめは日本が主権を回復した1952年はすでに朝鮮戦争による特需で日本経済は戦前の最高水準を回復しており、戦争調査会が発足した1945年11月と状況が一変していたこと。よって社会動向は戦災からの復興が一服し、更なる高成長にこそ力点が向けられていた。そのため、調査会をつくるという気概が喪失されていたことである。

そして三つめは、あの戦争の原因を多角的に検証することになった場合、戦前の旧体制が戦後も継続されている以上、既に政官財に復活した人々を名指しで批判することになってしまうからである。

なにより1955年には保守合同が実現され、自民党が結党される。あの戦争を政府として追及すると、例えばＡ級戦犯だった岸信介への批判を避けて通ることはできない。そもそも戦争の原因を追及すれば満州事変に行きつくから、その満州経営に「尽力」して東條内閣に入閣までした岸を名指ししない訳にはいかない。だが岸は自民党結党時の初代幹事長（1955〜56年）である。

岸だけではない。１９５７年から始まる岸信介内閣で官房長官と防衛庁長官を務めた赤城宗徳は翼賛会推薦候補として当選したために公職追放の経験を持つし、文部大臣の灘尾弘吉や、そもそも鳩山一郎も公職追放経験者である。こんな事例はきりが無いが政権与党からなる政府が、その政権与党の幹事長や閣僚を名指しで批判するのは基本的には不可能であり、まして総理が自身の過去を批判的に検証して発表するのはもっと不可能だ。

先述したとおりドイツのように、戦前の支配層があらゆる分野で完全に分離されていたらこうした懸念を持つ必要はないが、主権回復後の日本では戦前の支配層は見事に復活していた。依然として社会の中枢にいる人々を刑事罰に問う訳ではないものの、公然と批判することまでは憚られる、というのが実相に近いのではないか。

戦争調査会の解散を別にしても、日本は政府として折り目折り目に戦後談話を出し、漠然と「間違った国策」として戦争の反省をしてきたが、ほとんどがＰＤＦ一枚程度で終わる短い文章にすぎない。有識者による談話発表に際しての戦争への評価はあったが、あくまで「有識者がこう述べた」というものに過ぎず、政府として公的な検証を体系的に発表したのではない。結局は具体的にどのような部分で失敗して、その失敗の原因は何で、教訓として得られるものは何か、ということを政府として検証することは戦後77年を経ても一度も行っていない。それらの任務は戦後、全て歴史家や作家、テレビ番組などの特集によってなされたにとどまっている。

間違った戦争の総括を一度も公的に検証しなかった戦後の日本では、あの戦争は失敗だったという共通認識こそ生まれたが、具体的な戦争の反省は総じて中途半端で不徹底に終わった。だからこそその共通認識ですら「ぼんやり」としたものにとどまり、それが戦後民主主義の柱の一つである「平和主義」に覆われているのだが、具体的に何がどうダメでどう失敗したのかを点検していないために、このような平和主義も砂上の楼閣になってしまっている。

日本人の手による、間違った戦争に進んでしまったことへの本格的な調査・研究は、戦争の反省をするうえで極めて重要かつ不可欠なことである。そもそも戦後民主主義とは失敗した戦争への反省が産んだものである。よって戦後民主主義の根幹にあるのはあの戦争への徹底的な調査・研究になるはずだが、それが中途半端な形で終了してしまったことが、戦後民主主義の土台を形成する「戦争の反省・失敗の研究」をもまたうやむやにした。つまり戦争への能動的な反省がなされないまま、看板だけ受容されたのが戦後民主主義なのである。このようなか弱い戦後民主主義が経年してガタガタに崩れ落ちるのは自明である。

よって戦後民主主義が謳う平和主義は、確固とした価値観にはなりえず、それを「なんとなくただぼんやり」と長く受容してきたシニアは、「本当の真実はここにある」とする歴史修正的動画の一撃によって見事に崩壊するのである。

④戦争記憶の忘却

戦後メディアの矜持

戦争調査会の例にあるように、日本が国家としてあの戦争の総括を公的に体系化して検証してこなかったからこそ、あの戦争は失敗だったという共通認識こそ生まれたが、結果としての歴史認識はそれ以上でもそれ以下でもなく不燃焼のまま終わっている。

しかしながらこうも考えることができる。日本が国家として戦争総括をしないまでも、戦後の一時期まで戦争体験者が社会の中枢に多くいた。よって彼らの原体験とその記憶こそが戦争についての何よりの総括であった――。その通りではないか。

公的な戦争総括がついに行われなかったことは残念ではあるが、仮にそれが無くても戦後社会にはあの戦争を嫌というほど経験してきた人々が大勢生きていた。戦争の失敗と反省から生まれた戦後民主主義は、仮にそれが未完であってもその共通認識は人々の心の奥底に刻印されている。

戦後民主主義はある時期までは「それなり」に強く機能していた。戦後民主主義を大衆のレベルで普及させた新聞・テレビ・ラジオなどの大メディアにはある時期まで確実に「権力の監視」という使命感があった。それはひとえに戦前の反省である。そもそも戦後メディアの中枢を担った言論人や知識人は戦前、中間階級第二類（第二章を参照）という社会階級を担った。彼らは全部ではないが翼賛体制に疑問を持っていた。疑問を持ちながらも戦争への道を阻止することができなかった後悔が、彼らの強い民主的自意識を形成したのである。

２０２２年９月、出版大手のＫＡＤＯＫＡＷＡ会長（当時）である角川歴彦が五輪汚職を巡って東京地検特捜部に逮捕された。角川書店は戦後に設立された出版社だが、創設者である角川源義は１９４９年５月に角川文庫発刊によせて次のような名文を書いている。

「第二次世界大戦の敗北は、軍事力の敗北であった以上に、私たちの若い文化力の敗退であった。私たちの文化が戦争に対して如何に無力であり、単なるあだ花に過ぎなかったかを、私たちは身を以て体験し痛感した。西洋近代文化の摂取にとって、明治以後八十年の歳月は決して短かすぎたとは言えない。にもかかわらず、近代文化の伝統を確立し、自由な批判と柔軟な良識に富む文化層として自らを形成することに私たちは失敗して来た。そしてこれは、各層への文化の普及滲透を任務とする出版人の責任でもあった。一九四五年以来、私たちは再び振出しに戻り、第一歩から踏み出すことを余儀なくされた。これは大きな不幸ではあるが、反面、これまでの混沌・未熟・歪曲の中にあった我が国の文化に秩序と確たる基礎を齎らすためには絶好の機会でもある。（後略）」

（角川文庫発刊に際して）

戦争の時代を嫌というほど経験したメディア人が、戦後高らかに謳い上げた文化復興への決意は今もまったく色あせていない。このようなある種の「矜持」が知識人の中にあったからこそ、戦後民主主義はさまざまな不完全性を内包しながらも肯定されてきた。

戦争経験者の死去とともに風化するもの

1972年7月7日、7年8ヵ月つづいた佐藤栄作政権が佐藤の辞職と共に幕を閉じた。

佐藤は退陣発表の記者会見（同年6月17日）で「新聞記者の諸君とは話をしないことになっていたんだ。ぼくは国民に直接話をしたいんだ。新聞になると違うんだ。偏向的な新聞が大嫌いなんだ。帰ってください」と発言をした。会見場に居合わせた記者らはこの発言を問題視し、「総理、それより前に……。先ほどの新聞批判を内閣記者会として絶対に許せない」と抗議し、『毎日新聞』の岸井成格が呼びかけて記者たちは会見場から退出した。当時のメディア人にいかに権力の監視や批判的目線という矜持があったのかが分かるエピソードである。

現在このような行為を記者が行ったら、間違いなく「失礼」とか「記者としてあるまじき行為」とか「これだから反日偏向メディアは」などと総スカンを食らって、あべこべに記者側が罵られただろう。

メディアの批判精神が時代を経て摩耗したのなら、それはすなわち戦争経験の有無に求められる。権力への批判や監視精神の喪失は、戦争の反省が体験として存在しないからだ。戦争体験が薄れたあとのある種の現代的メディア人の中には、権力者に対して微温的に追従したり、そういった「権力に追従する」意見を「両論併記」などという美名のもとで採用したりすることを「中立的なジャーナリズムの姿勢」ととらえている人たちがいる。そのような

「権力に追従する」体制派の人々の声を恣意的に抹殺してきた姿勢こそがメディアへの不信を招き、日本のリベラルがダメになった原因であり、ひいては反権力こそ時代遅れだ――などと得意げに語ってジャーナリストを自称する向きがあるが、全部間違いである。戦争を知っている世代は絶対にこのような姿勢を取らない。なぜなら、仮に表層上であっても権力に追従した結果、310万人の日本人が死んだあの戦争の余りにむごたらしい結果を経験しているからだ。

戦争の総括は戦後、歴史家や作家、ジャーナリストに任された。だがそれは人々の苦い戦争経験という記憶が共有されていたからこそ成立しえたのである。よって社会の中であの戦争を肯定したり、まして戦後民主主義の根幹をなす「平和主義」の改変に繋がりかねない憲法9条議論がタブー視されたりしてきたことは事実である。ところがこういった記憶は、戦争経験者が死去するとともに風化していく。

戦時中に30代〜40代で総力戦を支えた人々が平均して75歳で没するとすれば、彼らの多くが1980年代〜90年代で世を去ったことになる。事実、日本で人口における戦後生まれが半数に達したのは80年代半ばであった。現在その割合は84%を超えている。しかし敗戦時に1歳とか2歳だった人たちが戦争の原体験を記憶しているとは考えづらいので、あの時代に社会に出た人々のほとんどはもう亡くなっている。

「なぜ戦争が起こったのか」が、なぜあいまいにされるのか

戦争を経験した世代が没することにより、戦争の記憶が風化していくのは日本のみならずどの参戦国でも起こっていることだ。最も重要なことは、戦争を経験した世代に存在した「あの戦争は間違いであった」という共通意識を具体的な検証や研究を踏まえて次の世代にどう引き継いでいくかであるが、日本はこれに完全に失敗した。

まず教育の現場において、戦争経験が継承されることは無かった。むろん、二発の原爆や大空襲における被害者の経験は1990年代であっても（あるいは現在でも）彼らが「語り部」として活躍することで教育現場の中に存在した。それは1982年生まれで90年代前半から中盤に義務教育を受けた私の世代にも強くあった。だがよく考えなくとも、二発の原爆や大空襲は、あの戦争が失敗した結果としての最終段階でアメリカによってなされたものであり、確かに原爆や大空襲の悲惨な体験を継承することは大切だが、幾らその体験を咀嚼しても「あの戦争はなぜ間違ったのか」という検証とイコールにはならない。

ネット右翼のほとんどが、広島・長崎原爆や大空襲をかつてのアメリカによる戦争犯罪で

あるという認識を共通して保有している。しかし彼らがとりわけ歴史修正的な立場をとるのはこの「末期戦」の部分ではなく、必ず「戦争に至った経緯」の部分である。彼らの多くは太平洋戦争を大東亜戦争と呼び「アジア解放のための聖戦であった」と主張する。つまりあの戦争は道義的に正しかったものの、軍事的な部分についてのみ失敗しただけであるという認識を持っている。この主原因は戦争経験者が世を去って後、公教育が「この部分」を至極あいまいにして無視してきたからである。この部分とは日本が戦争に至る歴史的経緯についての部分である。

戦争経験者がまだ大勢社会の中に存在していた時代、「この部分」は敢えて丁寧に説明するまでもなかったかもしれない。満州事変が勃発した1931年に20歳だった人は、高度成長時代まだ50代である。彼らは懇切丁寧に言われなくとも日本が戦争に突き進んだ理由を漠然と知っている。世界恐慌が日本に波及して昭和恐慌の嵐が吹き荒れた時代、日本は満州に進出することにより資源不足と人口過剰問題を解決しようとした。人口減少が叫ばれる現在とは隔世の感があるが、戦前日本において最大の社会問題のひとつは人口過剰であった。

このようにして満州国は強引に「建国」された。満州への侵略はアジアに権益を持つ米英仏から警戒され、1937年に盧溝橋事件が起こって日中の本格戦争（日中戦争）が起こると米英との対決は決定的となった。当時日本政府はあくまでこの戦争を「戦争ではない」と定義したので「支那事変」と呼んだ。「これは戦争ではなくウクライナをナチから解放する特別軍事作戦である」と強弁してウクライナを侵略したプーチンのやり方と酷似する。

日米の直接的決裂は、ヴィシー政権（1939年9月にナチ・ドイツが自由都市ダンツィヒの領有権を根拠にポーランドに宣戦布告し、東方電撃戦を行って第二次世界大戦が勃発した後、1940年5月にナチ・ドイツがパリを占領してフランスを屈服させた後に樹立された親独的中立政権）と協定を結び、日独伊三国同盟に基づいて2回に亘り仏印進駐を行ったことである（詳細は拙著『敗軍の名将——インパール・沖縄・特攻』を参照のこと）。

日本による仏印進駐こそが、日米戦争の直接的トリガーとなった。太平洋戦争における「大東亜共栄圏」はとってつけた戦争大義に過ぎず、実際には石油・ゴム・ボーキサイト・鉄鉱石・米などの資源を米英仏蘭に取って代わって支配し、南方から湧き出る資源を本土にピストン輸送することで重工業化を達成し、それにより対米持久戦体制を構築することにあった。そもそも「アジア解放」という美名も、同じアジア人である朝鮮や台湾を植民地支配し、蔣介石に戦争を吹っかけて中国を侵略している時点で自家撞着である。つまり「あの戦争はなぜ間違ったのか」という検証を行うためには、最低でも1930年代からの日本近代史の検証が必須である。だが戦争経験者が社会の第一線を去った後、この部分はまるで継承されなかった。なぜか。

だからトンデモ理屈に飛びついてしまう

第一は、戦前の日本における国家システムが分権的であり、ヒトラーのような「この人が主犯である」という説明ができにくい構造をとっていたこと。満州事変から真珠湾攻撃に至るまで実に11人の総理大臣が交代したため、誰か一人を犯人と見立てた戦争への道を解説するに適さない複雑性を有したこと。前掲の片山曰く、これは明治国家の欠陥であった。天皇以外の誰かに権力が集中することを防ぐ権力機構が存在したために、「この人が悪い」という説明がしにくいのが日本型ファシズムの特徴である。しかし複雑だからこそ公教育での懇切丁寧な教育が必要だともいえる。

第二は、第一の理由がゆえに戦争原因をめぐる説が分かれており、公教育で教えるのには解釈の余地が多すぎること。しかしこの理由も、敗戦後すぐに戦争調査会などの公的機関が検証していたなら、その結果を「公式見解」として引用することで解決していた問題ともいえる。

第三は、第一と第二の理由がゆえに、教育現場で実際の教鞭をとる教員に、その指導実力が不足していたこと。歴史家の中ですら戦争原因についての様々な見解があるのに、政府公式見解が発表されないまま「あの戦争はなぜ間違ったのか」という説得力をすべての教員に求めるのは不可能である。よって「間違った戦争の結果」だけを参照すればよいということになる。それはつまり末期戦における日本の被害のみを「戦争の反省」として繰り返し教育するしかなくなる。だがそれをすればするほど「なぜ戦争は起こったのか」という根本部分から遠くなり、二発の原爆も大空襲も、地震や台風か何かのようにまるで「天変地異」のように捉える価値観が瀰漫していく。このような考えを戦災天変地異史観などというが、もし戦災が天変地異の一種なら、それが起こったのは「偶然」であり「仕方のないことだ」という結論になる。実際に戦争は人間が起こす最大の悪だが、天変地異ならその理由や原因を事細かに検証する必要はない。こうして戦争は末期戦の悲劇のみが教えられるが、その原因についての反省や検証は次世代に移植されないまま終わる。

戦後日本が公的にあの戦争の原因についての検証をしないまま戦後民主主義を奉じたので、鶏が先か卵が先かの議論に似ているが、戦争経験者が途絶えたのちの世代にあっては「なぜ」の部分が欠落し、この「なぜ」の部分に歴史修正主義が入ってくると、これがすぐさま

「一撃」となり戦後民主主義的価値観は脆くも崩壊する。

戦後民主主義は戦争の失敗と反省から生まれたものなのに、肝心の「あの戦争はなぜ始まってしまったのか」という部分を無視したために、戦後世代の人々の一部が、とりわけ加齢してシニアになった人々が「大東亜戦争は正義の戦争だった」とか「アジア解放のための戦争だった」とか「日中戦争はコミンテルンの陰謀で日本は被害者であり、日本は中国を侵略していない」とか「朝鮮併合は合法的に行われたもので、植民地支配などではない」などというトンデモ理屈が動画でもたらされると、すぐに飛びついていく。とりもなおさずこの部分があまりにも脆弱で、単に「日本は悪いことをした」という「ぼんやり」とした弱い価値観でしか受容されてこなかったからである。戦争原因が教育の中で強く検証されなかったので、「具体的に日本軍の加害とは何だったのか」という部分が消し飛んでいる。彼らがことさらに慰安婦問題を矮小化して開き直るのはこれが原因である。

教育で現代史を「できない」理由

日本の戦争原因が複雑にすぎるからといって、公教育で教えないことは正当化できるものではない。公式解釈が存在しないため引用できないとしても、事実のみを列挙すればよい。

桑田佳祐は『ピースとハイライト』の中で「教科書は現代史をやる前に時間切れ そこが一番知りたいのに何でそうなっちゃうの?」と歌っている。その理由はすでに述べたが、その源流は例えば中曽根臨教審に求められる。1984年に中曽根康弘首相のきもいりで発足した臨時教育審議会は、1980年代以降における日本の教育行政の分水嶺になった。「教え子を再び戦場に送るな」をスローガンにした日教組（日本教職員組合）との潜在的対立を念頭に置いたこの臨教審は、教育行政の憲法と呼ばれた教育基本法の改正までには踏み込まなかったものの、その部会構成員において後の右派論壇の中枢を担う人々が多く参加している。それは高橋史朗（のち日本会議役員）、曽野綾子、瀬島龍三、渡部昇一といった面々である。「我が国の伝統文化、日本人としての自覚」を強く打ち出したこの臨教審は「あの戦争はなぜ始まってしまったのか」という部分の無視に延長され、本質的な戦争原因の理解を覆い隠す遠因のひとつとなった。やがて教科書が自虐的であるという運動がますます盛んになり、90年代の「新しい歴史教科書をつくる会」に接続されていく。日教組こそ自虐史観の悪玉であると少なくない与党議員は認識し、これが第一次安倍内閣の教育基本法改正に発展していく。

繰り返すように「あの戦争はなぜ始まってしまったのか」という部分を究極的に突き詰め

ていくと、戦前から継続する旧体制の人々を糾弾することに繋がるからである。それをやると海軍将校であった中曽根自体が批判の対象となるから出来ない相談だ。「教科書は現代史をやる前に時間切れ」とは、旧体制からそのまま居座った戦後日本の社会システムの中で、宿痾《しゅくあ》の様に存在した構造に理由を求められるのかもしれない。

現代史を詳しくやればやるほど「戦後日本の体制は戦争を何も反省していない」となるから、その部分には触れて欲しくないという力が働く。「(近)現代史をやらない」のではなく「できない」のが正確である。現代史をやればやるほど戦前と戦後の日本は見事に接続しており戦後民主主義はいかに看板のかけ替えに過ぎなかったのかという事実に気が付くからである。

すぎやまこういちの敗戦体験

現在、シニアと呼ばれている人のほとんどは、戦争を経験していない。例えば現在50歳のライトシニアは1972年に生まれたので戦争とは無縁だ。現在75歳のディープシニアであっても敗戦直後の生まれで戦争を全く経験していない。概ね「団塊世代」とされる彼らは物心ついたとき既に1950年代から60年代にあって、日本社会が戦災からの「復旧」を遂げた姿しか知らない。

思えば戦争の惨禍を知る超シニア世代での右傾化は、少なくとも私の経験上あまり見たことがない。大正生まれで満州に入植した私の祖母が市井の立場から太平洋戦争を徹底的に批判したように、真の戦争経験者は強烈な原体験ゆえに右傾化していない。あれだけの辛酸を舐めつくした人々は、国家や教員に言われなくとも皮膚感覚で戦争がいかに絶対悪であり、残酷であるかを人生の中で知っているからだ。

２０２１年９月に90歳で死去した『ドラゴンクエスト』などで知られる世界的作曲家のすぎやまこういちの自宅に、彼がまだ80代前半だったときに招かれたことがあった。当時すでにすぎやまは保守論壇で確固たる地位を確立していた巨人であり、「日本には親日軍と反日軍が存在し、この両者による内戦状態である」とやや分かりづらい表現で現下の政治状況を語っていた。しかし当時20代末だった私は、このとき聞いたすぎやまの敗戦体験を忘れることができない。

すぎやまは満州事変が起こった１９３１年の生まれで、敗戦当時14歳だった。敗戦直後すぎやまの家は中央線沿線に間借りしていた。すぎやまの父は食糧難から米軍放出の闇鍋を買い求め家族を養うしかなくなった。立川の米軍基地から出た「残飯シチュー（当時はびっくりシチューと呼んだらしい）」を買って帰宅したすぎやまの父は、米兵の食べ残しを煮詰めたごった煮のそれを掻っ込みながら「……悔しいっ！」と涙を流していたという。すぎやまはこの時の父の姿が生涯忘れられないのだと語った。

すぎやまは確かに平成以降になって国家主義的な価値観を標榜し、右傾言論人としてその界隈で有名人となった。しかしそれは「アメリカに負けた悔しさ」を前提とした敗戦経験を下敷きにしたものだった。そしてすぎやまは、私の知る限り「憲法9条の改正」を熱心に唱えたものの、在日コリアンや韓国人や中国人に対し差別的な言動を取ったことは無かった。強烈な戦争の原体験が残っている世代は、仮に後年政治的右傾の立場をとっても差別主義者になることは無い。いかに日本帝国とその国民が彼らを弾圧し差別し搾取していたのかを原体験で知っているからである。

手遅れにならないうちに……

このような世代の体験や記憶を継承しないまま、復旧した戦後社会しか知らないシニアがそのか弱い戦後民主主義がゆえにシニア右翼に変貌する。「記憶の風化」と簡単に言うが、そんな言葉では形容できないほど記憶の継承に失敗した現在の日本で、シニア右翼による歴史改竄は深刻である。

靖国神社の遊就館で「インパール作戦はインド独立の先鞭となった」とする解説図を見て私は頭が破裂しそうになった。現地のインド人でもそんな風に解釈している人はいない。この解説を真に受けて「インパール作戦がインド独立に貢献した」と言っているシニアがたくさん居る。

彼らはインドの初代首相・ネルーが日本軍の重慶爆撃に対して「同じアジア同胞への侵略である」旨の非難声明を出したことを知らず、インドに侵入した日本兵が英領ネパール人からなる精鋭のグルカ兵にさんざん抵抗されたことも、また作戦に帯同したインド独立運動家のチャンドラ・ボースが、作戦失敗ののち日本軍に見捨てられてビルマに放置されたことも知らないのだ。

無知は恥であり罪である。原体験を喪失し戦争経験を継承しないまま無知・無学が放置された事実こそが、ネット動画のトンデモをして「一撃」を与える隙を生んでいる。今からでも遅くないから公教育で「あの戦争の結末」だけでなく「あの戦争はなぜはじまったのか」の部分を強く教えるべきだ。それは１００時間でも足りないのかもしれないが10分すら割いているかどうか疑わしい現在の状況を踏まえれば、１時間でもいいから「なぜ」の部分を強調しなければならない。

「なぜ」という部分を検証しないまま歴史修正動画に影響されたシニアは、「あの戦争は軍事的に〝のみ〟失敗した」と口々に言う。であるならば、またも近い将来の日本においては「軍事的に優越して作戦を成功させるのならその戦争は正しい」という言説や政策すら肯定することになる。「勝てる見込みが大いにある戦争ならやってもよい」「勝てる戦争ならばアメリカに追従しても良い」ということになる。つまり勝ち馬理論である。

これは即座に戦争に参戦する口実を与えるもので、極めて危険である。手遅れにならないうちに「なぜ」を強く伝え徹底的に教え、教えるだけでは足らず能動的な意識で以て大いに議論させるべきだ。

このようにあらゆる意味での戦前と戦後の連続こそが、民主的自意識の寛容を阻害し、戦後民主主義を未完のものに終わらせてしまった。本章ではその理由を以上四つに分けて示したが、政治機構の中の人々における民主化の不徹底、戦後政治システムの不均衡な票格差、古い社会・経済構造の未改革、そして歴史検証の未完が相互に絡み合っている。こういった文脈を無視して「敗戦後日本は民主主義国になった」と思い込んでいるのならそれは間違いである。それが正しいのであれば、シニア右翼は発生しえない。そもそも戦後でも、日本が民主主義社会を達成したことは一度もない。

戦後の日本でこういった旧体制が温存され、それが時間と共に金属疲労を起こしたからこそ、シニア右翼は生まれたのである。こう考えるとこの現象は戦後日本特有の現象だという事がわかる。

コラム4　異形の「親米保守」

▽戦後右翼の「変態」

親米保守という言葉がある。読んで字のごとく「アメリカに親和的な保守」という意味である。保守という単語にわざわざ親米と付けなければならないのは、そもそも保守という言葉の中に「アメリカ」という概念が入っていないからだ。

コラム3にも書いた通り、保守とは伝統や経験と切断された理性に立脚し行われる急進的な社会改良に対する懐疑や批判を示したもので、特定の国や団体への支持・不支持、友好的態度のあるなしとは関係が無い。「親米」という単語と「保守」という単語は概念的に別物であるから、便宜的にこうとしか記述のしようがないのでこの言葉が使われている。敗戦によって日本の右翼は「変態」した。アメリカの極東戦略に追従していくほか生きる道が無かったので、好むと好まざるとにかかわらず親米になった。加えて第四章で述べた通り、これまたアメリカの意向の下、戦前に支配層だった人々が「特別の措置で釈放」もしくは「復帰」がなされて戦後社会の中枢に居座ったので、「大恩」あるアメリカに逆らうということはできない相談であった。

鬼畜米英を唱えて真珠湾攻撃までやった軍部を支持した戦前の右翼は、親米へと「華麗な変身」を遂げたのであるが、実は親米保守という言葉は「保守」を自任する人々の中では自称としてほとんど使われていない。「私は保守です」とか「私は保守の政治家です」という人は多いが、「私は親米保守です」という自称はほとんど見られない。この言葉はむしろ「保守」を批判的に論じたり検証したりする側の人々の間で、多く使われている。当然それは戦前と戦後で「保守」「右翼」が反米から親米に180度「変態」したことを見過ごすことができないので、あえて「保守」の前に親米をくっ付けて鑑別せざるを得ないからだ。

親米保守が自らをなかなか親米保守と名乗らないのには、ある種の「疚《やま》しさ」が透けて見える。彼らは（彼らに限らないが）二発の原爆投下はアメリカの戦争犯罪である（勿論、これは事実である）と言うが、それでいて現状アメリカに追従している姿勢には大きな矛盾があるので、「親米」という「冠詞」を敢えて付けないのかもしれない。

▽「面従腹背型保守」

「保守」は日本国憲法のとりわけ9条や前文を「GHQ（マッカーサー）に押し付けられたのだ」とほとんど定型的にいうが、片方で「在日米軍は無くてはならない存在」「トランプ政権（当時）こそが日本の安全保障にとって重要」などと言う。完全に思考が分裂している。

この分裂を彼ら「親米保守」はどう補っているのだろうか。ひとつは「面従腹背」である。確かに日本はアメリカに敗北したので、戦後は政治的にアメリカに追従することはやむを得ないとしても、いずれはアメリカと対等な日本を建設する。そのためにはまず経済力の増進が必要であり、そして伸長された経済力を以て現行憲法の枠内ギリギリで自衛力（自衛隊）を増強させる。機が熟せば憲法を改正して正式に軍隊を保有し「真の独立国」

になる——。皮肉なことにマルクスやエンゲルスの「二段階革命論（——ブルジョワ革命を起こしたのち、真のプロレタリア革命を経ることで社会主義国家が建設される）」に似た考え方で、私はこのような考え方を持つ者を「面従腹背型保守」と呼んでいる。

戦後日本の「保守」政治家のほとんどが、このタイプであった。アメリカから「特別の措置で釈放」された岸信介も、「戦後右翼のフィクサー」とされた児玉誉士夫も笹川良平も、政治家にはならなかったが戦後政界に深く食い込んだ元関東軍参謀・瀬島龍三も実のところこのタイプだったのではないか。そして太平洋戦争当時、海軍主計将校として巡洋艦に乗り、南方作戦の最中ボルネオで直撃弾を受けた中曽根康弘もこのタイプなのではないか。

如何にアメリカによる「特別の措置」があり恩があるとはいえ、仮に巣鴨プリズンで何らかの密約があったとしても、昨日まで敵として戦い、戦友のみならず数多《あまた》の無辜《むこ》の同胞を空襲や原爆で焼き殺したアメリカに「魂まで売った」とは考えにくい。今は不可能でも、いつかは国力と防衛力を蓄えて「アメリカと対等な日本」を心中秘めていたとみなすのは、些か買い被りすぎであろうか。

この「面従腹背」という姿勢があったからこそ、「日本国憲法はアメリカの押し付けだ」と言い靖国神社に参拝を繰り返す一方、「アメリカは最も重要な同盟国」と平然と二枚舌を使えた。矛盾を矛盾と自覚しているからこそ、平気で「ウソ」がつけたのである。

中曽根康弘は政権期、有名な「ロン・ヤス」関係で日米蜜月を築いたとされるが、彼が38歳のときすなわち1956年に『憲法改正の歌』というのを作っている。一番と二番の歌詞は次のようなものだ。「①嗚呼戦に打ち破れ 敵の軍隊進駐す 平和民主の名の下に 占領憲法強制し 祖国の解体を計りたり 時は終戦六ヶ月」「②占領軍は命令す もしこの憲法用いずば 天皇の地位うけあはず 涙を呑んで国民は 国の前途を憂ひつつ マック憲法迎えたり」。彼こそが「憲法押し付け論」の最右翼だったが、このような歌を作っておきながらなぜレーガンとニコニコ会食していたのかというと、「面従腹背」だからである。

中曽根は戦後日本の原子力政策に深く関与している。1955年、来る日本での商用原発の建設を前に、衆参両院の原子力合同委員会で委員長を務め、同年の原子力三法の成立に関与した。中曽根の初入閣は1959年の岸内閣における科学技術庁長官である。中曽根が原子力に拘ったのは、日本の核武装を念頭に置いていたからである。

▽原発と核兵器

幾ら「面従腹背」を秘めて、いつかはアメリカと対等に――と思ったところで、冷戦期に於いてアメリカの影響下から完全に抜け出すためには、通常戦力をいくら拡充したところで難しい。現在のNATOにおける非核国――ドイツやイタリア、北欧諸国など――が英仏の核の傘に依存している(ニュークリア・シェアリング)ように、日本が真にアメリカと軍事的に対等な関係を築くためには、アメリカ以外の核保有国の傘の下に入るか、自前で核戦力を保有するかのどちらかしかないが、欧州とは違い日本周辺には核の傘を提供する同盟国がアメリカ以外に存在しないので、手段としては後者になる。

核兵器――つまり原爆――はどのように製造されるのか。マンハッタン計画がそうであるように、核兵器製造はウランを用いるタイプ(広島型)とプルトニウムを用いるタイプ(長崎型)に大別される。広島型は臨界に至る構造は単純(ウランAとウランBを炸薬で合体させる)だが、ミサイルに搭載するための小型化が不可能であり、原料であるウランが臨界時に大量にロスをして吹き飛んでしまうため、現在世界にあるすべての核兵器は長崎型である。

では長崎型の核兵器を作るのに手っ取り早い方法は何かと言えば、黒鉛減速炉と呼ばれる原発から抽出されるプルトニウムの転用である。黒鉛減速炉はその名の通り、中性子の減速材に黒鉛を用いるタイプのもので、中性子を減速させないと炉が暴走するためにこの減速材が必要なのだが、その減速材は軽水でもよい。

軽水を減速材に用いる原発を軽水炉という。しかし一般的に軽水炉から抽出されるプルトニウムは濃度の関係から兵器に転用するのは極めて難しいとされる。しかし黒鉛炉からは原子爆弾に絶対必要なプルトニウムが採れるのである。ちなみに大事故を起こしたソ連のチェルノブイリ原発は黒鉛炉である。北朝鮮に対し、ＫＥＤＯ（朝鮮半島エネルギー開発機構——日米韓による共同国際組織）が提案したのは、北朝鮮が開発する黒鉛炉を放棄することの見返りに、電力供給のための軽水炉を提供する内容であった。黒鉛炉は核兵器製造に直結する。一方軽水炉ではほぼ不可能である。よって現在でも北朝鮮が運用しているのは黒鉛炉である。

１９６６年、茨城県で運転が開始された日本最初の商用原発（東海原発）は、黒鉛減速型の原子力発電所であった。東海原発で黒鉛減速炉が採用されたのは、当時まだ軽水炉の技術が確立されていなかったのが理由であるが、ここに「将来を見据えた」核武装開発の野望がただの一ミリもなかったとは言い切れないのではないか。ちなみに東海原発以降における日本の商用原発は全て軽水炉であり、事故を起こした福島第一原発も軽水炉である。

事実、中曽根は佐藤栄作内閣で防衛庁長官に任命（1970年）されるや、防衛庁内部で日本の核武装についての研究を指示している。その結果は「2000億円（当時）をかければ、5年以内で可能」というものであった。もちろんこれは内部研究に過ぎず、実際に日本が核武装するにはまず国内的には非核三原則（1967年閣議決定）の見直し、またNPT体制からの脱退（1976年日本適応）を達成しなければならず、仮にそれができたとしても核実験はどこでやるのかという技術的な問題がある（現在では、未臨界核実験ができるので、必ずしも核実験は必要ではない）。

ともあれ中曽根がこのような「冒険」を企図したのは、中曽根の中に「面従腹背」の意志があったからだ。「ロン・ヤス」関係だけでもって中曽根がやみくもな対米追従主義者だったと見るのは正確ではない。中曽根の「親米」はあくまで外面であると見るのが妥当ではないか。中曽根は議員を引退（小泉内閣時代に定年を理由に勇退を半ば強制された）したのち、自身が主催する「公益財団法人 中曽根康弘世界平和研究所」で次のような憲法草案を発表した（2005年、当時中曽根86歳）。

前文「我らは自由・民主・人権・平和の尊重を基本に、国の体制を堅持する」、第1条

「天皇は、国民に主権の存する日本国の元首であり、国民統合の象徴である」、第11条の②「日本国は、自らの平和と独立を守り、国及び国民の安全を保つため、防衛軍をもつ」……云々である。1956年に「憲法改正の歌」を作った38歳の中曽根は、後年においても何も変わっていないように思えるのは私だけだろうか。

▽「無思慮型親米保守」

このような「面従腹背型親米保守」とは対称に、「無思慮型親米保守」というのがある。これは「面従腹背」などという思慮が一切存在しない垂直的な親米姿勢である。アメリカに負けて悔しい、アメリカに同胞を焼き殺されて悔しい――という戦争の原体験が存在しない戦後しばらくしての「保守」に一様に見られ、とくに現在のネット右翼はほとんどこの類型に当てはまる。

よって彼らは在日米軍の存在を肯定し、沖縄の反基地運動を「反日、パヨク、中韓から金をもらってやっている反日工作員」と決めつけて呪詛する。彼らは敗戦の原体験が無いから「面従腹背」という発想すらない。大統領予備選で「日本や韓国から（駐留負担の観点から）米軍を撤退させる」とまで公言したトランプが大統領になると、無思慮なまでにすり寄っていく。いつかはアメリカと対等な日本にする――という稀有壮大な野望さえ持っていない。アメリカに付き従っていれば日本は安泰であり、とりわけ膨張する中国人民解放軍から国土を守るためには在日米軍は絶対に必要であるという。よって沖縄の米兵が少女に暴行しても「被害を受けた女性の方が悪い。そんな時間に外を出歩いていた女性の方が悪い」などという異様な主張を展開して、アメリカや米軍を絶対的に擁護する。

彼らは「自衛隊はいつも頑張ってくれている」と手放しで自衛隊を擁護する一方、「有事になったらアメリカ軍がいないといけない」とする。裏を返すまでもなく自衛隊は国土を守ることのできない非力な組織にすぎない、と言っているに等しく、まるで分裂している。しかし自分の理屈が矛盾しているという自覚すらない。これが「無思慮型親米保守」である。

▽「昔と今のアメリカは違う」という屁理屈

このようにして考えると、戦後発生した「親米保守」も、戦争経験がまだ鮮やかだった時代の「面従腹背型」と、戦争経験が薄らいでいく時代の中でそれに取って代わった「無思慮型」の二タイプの流れがあると言える。しかし現在主流となった「無思慮型」の人々も、「日本国憲法はアメリカの押し付け」と言い、靖国神社に参拝することを全肯定するのはほとんど変わらない。なおも存在する大きな矛盾を「無思慮型」の彼らはどう考えているのか。

それは戦前、戦中、敗戦直後のアメリカと今のアメリカは違う、という理屈である。ここから発生したのが日米開戦当時政権を握っていた米民主党は「反日」で、米共和党は「親日」だったとするトンデモ理論である。米民主党悪玉論は１９９０年代の所謂「ジャパン・バッシング（当時のクリントン大統領がアジア歴訪の際、日本に寄らず中国を訪問して帰国したこと）」で盛んになったが、現在の彼らはクリントン政権のことなど忘れているので、理屈としては「太平洋戦争当時、ルーズベルトはコミンテルン（ソ連）の手先となっていたので日本に真珠湾攻撃をやるように仕向けた。一方、共和党のタフトやフーヴァーは親日派で日本圧迫に反対していた」というものだ。

この理屈は必ず歴史修正主義者の中から出てくるが、端的に言って出鱈目であり、真珠湾攻撃を受けてアメリカ議会は即時対日宣戦布告を審議（１９４１年12月８日）したが、上院において全会一致、下院においても３８８対１で対日宣戦布告は可決されている。米民主党が、米共和党が云々というのは関係がない。

「無思慮型」の人々は、「現在のアメリカは、日本の憲法改正と軍事的自立を望んでいる」とし、「日本国憲法を押し付けたのは過去のアメリカ」であると解釈して「アメリカによる憲法押し付け論」を正当化し、批判の対象はあくまでかつてのアメリカであり、現在のアメリカではないとしている。

しかし戦後一貫してアメリカは日本の軍事的復活を警戒しており、この傾向はバブル期に日本経済が世界を席巻すると益々鮮明になった。むしろ在日米軍の存在は日本封じ込めの一環としてとらえられていた。これを在日米軍が日本再軍備の重しになるとして、「瓶のふた論」と呼ぶ。瓶とは日本による軍事大国化の野望で、ふたは在日米軍である。

アメリカは現在でも真珠湾攻撃の屈辱を忘れては居らず、そして過去と比べて減りつつあるがアメリカ世論の約6割は二発の原爆投下を「戦争を早く終わらせるために必要だった」とする肯定論を支持している。戦前、戦中、敗戦直後のアメリカと今のアメリカは違う、などという勝手な解釈は、「無思慮型」の人々が現実を都合よく解釈し、自分たちの意見にアメリカも賛同しているのだ、と思い込みたい願望から生まれた屁理屈にすぎない。

そしてこのような屁理屈があるから、靖国神社を総理が訪問しても、昔のアメリカと今のアメリカは違うから――という願望を引っ張ってきて、ややもすれば「アメリカも賛成してくれている」などとするが、大きな間違いであった。第二次安倍政権が誕生して翌年の2013年、安倍首相（当時）が靖国を参拝した。「保守派」は大いに溜飲を下げたが、アメリカから異例の「クレーム」が来た。翌年3月6日、ケネディ駐日大使は「地域情勢を難しくするような行動は建設的ではない」と安倍首相の行動を牽制し、当時のオバマ大統領は「失望」を表明した。極東国際軍事裁判でA級戦犯となり絞首刑になった人々が祀られている靖国参拝に現役総理大臣が参拝するのは直接的に「第二次世界大戦後の国際秩序」を否定するものだから、アメリカが異例の対日批判を行うことは当たり前である。安倍首相は在任期間中、これ以後一度も靖国を参拝しなかった。

▽「自称リアリスト」の矛盾

敗戦国日本と戦勝国アメリカ、在日米軍と日米安保を通じたアメリカと日本の従属関係は現在も何ら変わることなく継続しているが、「無思慮型」の人々はこの現実を認識せず、「今のアメリカはかつての遺恨を不問にして、我々を支持してくれている」という理論に飛びついていく。アメリカからしてみれば、ハワイを奇襲して約2400人を焼き殺した日本はいつまでも「警戒の対象」であるが、全てを都合よく解釈して「アメリカは味方なんだ」と信じている。

根底にこの価値観があるからこそ、トランプやバイデンが羽田や関空ではなくエアフォースワンで都心近傍の横田基地に直接乗り付けても、それを主権侵害とも屈辱とも思わず無思慮に大統領専用機を写真に収めて「日本とアメリカの絆！」などと、嬉々として米兵が焼いたＢＢＱの肉を頬張っていられるのである。

――いつかはアメリカと対等に、と辛うじて夢想していた「面従腹背」の人々の「いつか」は日本の国力増進を前提にしたものだったが、もはや日本の国力が衰退に向かっていく現在、その「いつか」は永遠にやってこないかもしれない。そもそも日本の国力が絶頂を迎えていた１９８０年代末から90年代前半の時代ですら、日本は対米追従を見直すことなく何もやってこなかった。その「いつか」というのも、またぞろ先送りの精神で本気ではなかったのかもしれない。

残されたのは、同胞を焼き殺され首都圏（ばかりではないが）の空を占領され、横浜で米軍機が墜落して無辜の子供二人が焼け死に（横浜米軍機墜落事故）、沖縄（に限らないが）で米兵の粗暴事件があっても、「アメリカとの絆！」という虚構を謳うだけの「面従腹背型親米保守」だらけになってしまった。そしてこの矛盾を指摘されると、彼らは一様にムッとした表情になり、「現実的にはしかたがない」と繰り返す。所謂「自称リアリスト」である。

　そして彼らは口をそろえて「中国や韓国は過去の戦争のことでいつまでも難癖をつけて批判してくるのに対し、アメリカはそういうことをしない。水に流してくれた」というが、すでに述べた通りアメリカも「大々的な難癖」を付けている。アメリカが本当に太平洋戦争を水に流しているのなら、オアフ島で沈没した戦艦「アリゾナ」をいつまでも展示していない筈だが、ハワイに行ったことがないのだろう。そして中韓米のみならず日本の侵略戦争の被害に遭ったフィリピンでは毎年「バターン死の行進」の合同慰霊祭が開催されているが、こちらも問題にされない。フィリピンに無関心なのだろう。

　その口で特攻隊を称えるのだから、本当にいい加減にしてほしい。

終章　老人と子供

——共和国軍の侵攻に際し、有人ロケット打ち上げを「下らんことだ。命を懸けてまでやるようなことじゃない」と述べ中止決定を下そうとした将軍に対して。

シロツグ・ラーダット「今日の今日までやって来たことだぞ。下らないなんて悲しいこと言うなよ。立派だよ。皆、歴史の教科書に載るぐらい立派だよ……俺、まだやるぞ。死んでも上がってみせる。嫌になったヤツは帰れよ。俺はまだやるんだ。十分、立派に元気にやるんだ」

（『王立宇宙軍　オネアミスの翼』山賀博之監督、１９８７年、製作GAINAX）

革新側のシニア化

本書ではさんざんシニアがシニア右翼になった原因を述べてきた。前提的にその要因はネット技術（ブロードバンドインフラ）にあり（第三章）、また未完のままで終わった戦後民主主義の弱さにこそある（第四章）とした。戦争を知らない戦後生まれのシニアが「ネット動画」からもたらされる「一撃」で次々とシニア右翼に転向していく。だが右翼の対義である革新側も右翼と同等に高齢化が進んでいるではないか、とする批判はたしかに事実である。

革新勢力の筆頭である日本共産党の党員は1990年代前半の約50万人から2020年現在30万人を割り込みピーク時からほぼ半減となった。機関誌『しんぶん赤旗』の購読者数は1970年代に300万部を超え『毎日新聞』など全国紙と遜色ない発行部数を誇ったが、現在では辛うじて約100万部と、3分の1に減少している。日本共産党や傘下団体が主催する反戦・反政権集会に行くと、その参加者のほとんどがディープシニアで40代はぽちぽち、30代はほとんど見られない。まして20代の若者は1000人規模の集会であっても数える程度である。党員や支持者のシニア寡占は、革新側でも凄まじいものがある。

加齢したシニアがシニア右翼となるのであれば、革新側でもシニアが多いのはどういう訳だろうか。答えは簡単で、彼らは強力な戦後民主主義の護持者であり「ネット動画」による一撃を食らってもなお動じないほどの確固とした価値観を有しているからだ。強力で体系化された価値観を有している者は「ネット動画」というノイズに左右されない。日本共産党を支持するシニアも高速インターネットを利用し、スマートフォンを保有し、ネット動画に触れていることは明らかだが、彼らの民主的自意識が強烈なゆえにそういった動画や歴史修正主義に傾倒してしまう弱さを持ちえないのである。

戦後民主主義は未完であるが、それでも戦後日本人の中のある部分に、その崇高な理念を検証・分析し、その結果ますます民主的自意識を確立させることの重要性を認識した人々は少なくない。そこまで強力な民主的自意識を成立させるには経験や知識の蓄積が必要で、一般的にそのためには長い時間がかかる。結果としてその時間経過が彼らの年齢をシニアにしただけであり「高齢者が古臭い左翼思想にしがみ付いている」のではない。長い経験が彼らを戦後民主主義の真の護持者に育てたのであり、革新の高齢化は原因ではなく結果にすぎないのである。

しかし革新側の年齢構成が高齢のまま推移するのは、その下の世代に戦後民主主義の重要性を継承できていないからである。すでに述べた通りその理由は戦後民主主義が未完で終わっていることにある。戦後民主主義の足腰がさらに弱まってしまい、真の民主主義的意識がはぐくまれないからこそ、その下の世代にも意識の循環が生まれない。革新のシニア化は、ある時期まで辛うじて生きていた戦争の失敗と反省という原体験を継承した人々が、その支持の主役となりそのまま加齢した結果である。

ウトロ地区放火犯は22歳（当時）

ブロードバンド技術を自明のごとく受け入れ、ネットを利用する「後発」のユーザーたち。微温的にしか戦後民主主義を受容してこなかったシニアは、それが故にもたらされるネット動画の虜になって金属疲労が頂点に達するようにあるとき「ポキッ」とそれが折れて「メディアが伝えない真実」という出鱈目に傾倒していく。

だが重要な問題点がある。ブロードバンド技術を自明のごとく受け入れネットを利用する「後発」のユーザーたちは、シニアだけにとどまらないということだ。なぜならブロードバンド技術が当たり前のように普及し、そこから初めてネット利用を始める人々は、ネットの歴史を知らないという意味では若年層も同様だと言えるからである。

現在25歳の若年は、10歳で本格的なネット利用を始めたとしたら２００７年以降のネット空間しか知らない。20歳で同等の過程をたどると２０１２年以降のネット空間しか知らない。

すでに述べた通り例えば２００７年は高速インターネットが廉価にかつ簡便に、日本中に網の目のように張り巡らされている時代である。ネットがいかに不便で信用に足らないものだったのかという時代を経験していない若年層にも、シニア右翼と同様に「ネット万能論・無謬論」にひた走る素地が十分にあるといえる。

２０２１年8月30日、京都府宇治市のウトロ地区に放火し7棟を焼いて逮捕・起訴された男の年齢は22歳（当時）だった。男は京都府警や弁護士に対し犯行動機として「韓国が嫌いだった。日本人に注目してほしかった」と述べた。ウトロには在日コリアンが多く居住しており、その源流は戦前この地区にあった軍需工場の跡地に敗戦直後の混乱と朝鮮戦争勃発により祖国に帰ることができなかった人々が、やむを得ず定住を開始したことに始まる。

しかしその土地利用にあっては戦後の訴訟を経て権利関係が確定しており、不法に居住しているわけではまったくなく、そもそも彼らは在日コリアンばかりでなく帰化して日本人になった人々も含まれている。「韓国人」という男の主張自体がまるで正確ではない。にもかかわらずウトロを巡るネット言説を見ると、「朝鮮人が不法に土地を占拠してウトロに居座っている」とか「韓国人が戦後のどさくさに紛れて土地を収奪して占領した結果がウトロなのだ」などが乱舞する。男は事実ですらないネット言説をそのまま鵜呑みにすることで勝手な憎悪をつのらせ、犯罪史上まれにみるヘイトクライムに及んだのだ。

このような無思慮で垂直的なネット言説の信仰は「ネットに書かれていることがすべて正しい」という簡単に言えば低劣なネットリテラシーから生まれている。とりもなおさずそれはネットの書き込みは信用できない、というブロードバンド時代の前に広く存在したネット空間への批判・懐疑の精神が無かったからである。生まれながらにして快適なインターネットインフラを当たり前として受容する若年層にも、シニアがシニア右翼となるのにまったく類似する「ネット利用の後発性」が見られる。

若年世代がネット右翼になる可能性

刑事事件にこそ発展しなかったが、ネット右翼によるアカウントの中で一時期極めて有名になったのは「黒瀬深」なるツイッターアカウントである。黒瀬は最盛期14万人のフォロワーを持った。右傾雑誌や番組に登場した経験を持たない市井のアカウントとしては極めて多くのフォロワーを獲得した界隈の有名人である。

黒瀬のアカウントの中は彼らが「反日リベラル」と認定して敵視する立憲民主党を中心とする野党議員への攻撃で埋め尽くされていた。この攻撃の中には完全なデマによる誹謗中傷が含まれており、これを名誉棄損に該当するとして立憲民主党の米山隆一議員が損害賠償を提起して民事事件になった。黒瀬は「明らかに中国が日本を狙っているにもかかわらず、立憲民主党や共産党が〝米軍基地は沖縄から出ていけ〟〝自衛隊の兵器購入要らない〟〝憲法改正しなくていい〟などと言っているのは、中国のスパイだからです」などと意味不明で根拠の無いツイートを連発していた。これに刺激されたネット右翼はこのツイートを拡散するなどし、看過できないとして立憲民主党の公式アカウントが黒瀬に反論している。

注目すべきなのは黒瀬の自称であった。黒瀬は「若いころ網走刑務所に服役していた」「若いころ、大学生時代は複数の国をバックパッカーとして渡り歩いた」などと、自らが社会経験を豊富に積んだシニアであることを仄めかすような発言を繰り返していた。その内容を見ると矛盾する部分も確かにあって信憑性は低いものの、私は漠然とやはり黒瀬の年齢はシニアなのではないかと疑っていた。ところが黒瀬が原告である米山代議士と200万円で和解すると、黒瀬の正体が週刊誌によってすっぱ抜かれた。「網走刑務所服役」「若いころのバックパッカー経験」などは全てうそで、彼はシニアなどではなく20代の男性だったのである。

ネット右翼の主体はシニアであるという常識が覆されることになり、私は衝撃を受けた。

むろんこういった若年世代のネット右翼は例外であり、ネット右翼の主力が依然としてシニアであることはやはり事実である。しかし例外としてもこれまで様々な調査の中で推定されてきたネット右翼の年齢層とは明らかに異なり、年齢的にはるかに下方にある黒瀬やウトロ放火事件の犯人が出現してきたことについては一考に値する教訓を残した。

この原因は、明らかに若年層においてネットリテラシーが育まれていないことである。シニア右翼と同じように、彼らは世に生を受けた瞬間からすでに高速インターネットを当たり前のように利用していた。仮に黒瀬が29歳だとしても、彼の本格的ネット利用開始は21世紀初頭以降になる。1990年代に存在したネットのカオス状態をまったく知らないまま、後発組としてネット利用を「疑うことなく」開始したのである。

自明の事として与えられた快適なネットインフラの利用により、ネット言説からの一撃が簡単に彼らを「右翼」に転向させてしまうことの脆弱性は、シニアと年齢的に対極にある若年層にも共通して存在する。完備された後のネット技術しか知らないことの弊害は、シニアの反対である若年層の一部に及んでいる。

大友克洋の漫画『童夢』の炯眼

1983年に刊行された大友克洋の漫画『童夢』は、後に『AKIRA』につながる大友作品不朽の金字塔のひとつとされる。東京近郊の団地で怪事件が相次ぐ。転落事故や殺傷事件があまりに同じ団地の中で相次ぐのは「祟り」の類なのではないかとして、霊能者の野々村典子が実地調査に赴くのである。しかし団地の敷地に到着した瞬間、余裕しゃくしゃくだった野々村は急に冷汗をかく。

野々村「こっ……こんなの、聞いたこともないわ……いったい」「あっあんなの初めてだわ……恐ろしい逃げなくちゃ早く　とっても私なんかの手に負えるものじゃないわあなた！　あなたも逃げなさい　今まで何人死んだか知らないけどそんなものじゃないわ　まだまだ死ぬわ10人20人……」「子供よ　子供に気を付けなさい」

野々村の予言通り団地での怪事件は止まらず、やがて破滅的なカタストロフィとなって物語は終局を迎える。この怪事件の犯人はチョウさんという認知症が進んだ独居老人であった。チョウさんが超能力を獲得した結果、団地内で物理法則に反する怪事件が引き起こされたのである。チョウさんの超能力に対抗して団地に平穏を取り戻したのは、同じ団地内に住む超能力を有する子供たちである。この作品では老人と子供はイノセントな存在として描かれ、であるがゆえに超能力を獲得したことになっている。

野々村が警告した「子供」とは、実はチョウさんのことであった。認知症が進んだチョウさんの部屋には無秩序に人形やおもちゃが収集されて「まるで子供のよう」だった。大友は老人と子供に共通する純粋性を見出して、この両者に超能力を与えたのである。

この物語の設定は重大な示唆に富んでいる。年齢的には対極にあるはずの老人と子供が、同じような超常の力と暴力性を獲得する。無垢がゆえに世の中の「常識」を疑うことがない老人と子供は作品の中でまったく同じ存在であり、彼らこそが超能力対決の主役になるのである。その中間である青年層や中年層は蚊帳の外で、この対決には何らの関与もなしえないまま、結局団地での怪事件は真相不明として闇に葬られるのだ。

完備されたネット空間を受容し、何の疑いもなく利用しその内容を信じる現在のシニアと若年層は、不思議なことにこの『童夢』の世界観と共通するところは無いだろうか。大友作品には『童夢』以外にもきまって老人と子供が登場する。両者は無垢、無批判という意味で同じである。『AKIRA』でも超常の力を獲得した子供たちは、外見上はしわくちゃの老人として描かれている。

むろん『童夢』の中でチョウさんと対決する子供は、チョウさんとは違い超能力を他者への危害のために使用しない「善なる無垢」として描かれている。現実に当てはめるとネット言説に対する無垢・無批判という点にあって、加齢して経験を蓄積したにもかかわらず排外的になるシニアの方がよほど罪深いといえる。ネット言説を無批判に受容して犯罪に走ったウトロの放火犯や、デマを垂れ流し続けて和解金を支払う羽目になった黒瀬はこの先の経験の蓄積により「改心」する時間的余地が残されていると考えられるからだ。

SDGs教育の危うさ

このように考えても、やはりシニアのシニア右翼化の方がよほどタチが悪いといえるが、自明のごとくあたえられたインフラは時として老人と子供（若者）という両極を蝕む危険性を秘めているといえる。とりわけ若年層に90年代のカオスであったネット空間を追体験させることは難しいが、ネットがいかに不完全かから出発し、よってそれがいかに信用に足らないものであるかを教えることは、教育の中で徹底されるべきだ。

翻って現在の教育現場において、そのような実践がなされているのだろうか。義務教育における或る小学校の「学校だより」をＰＤＦで読むと「子供達にはＳＤＧｓ教育を推進すべきである」と書いてあってたちまち不安になった。実はこの小学校は私の母校である。子供たちに熱心に推進すべきなのはＳＤＧｓではなく、いかにこの社会が形成され、いかにこの社会が戦争の失敗と反省の上に建設されてきたのかというその歴史と経緯を教え、民主主義的自意識を徹底して植え付けることなのではないか。教える側の学校教員もまた若く、こういった意識が共有されていないのではないかと思える。

そもそもSDGsは持続可能な開発目標であるが、その背景には貧困や戦争や差別が存在する。よってSDGsというスローガンが誕生したのは、そういった不公平で非民主的な社会の問題を解決し是正しなければならないという、日本においてはまさしく戦後民主主義を土台としたものであると言える。よって戦後民主主義はなぜ生まれたのかという歴史認識こそがその根幹を形成するはずだが、私が見る限り「SDGs教育」の中にあの戦争に対する検証や反省と言った軸が併記されているとは思えない。

なぜあの戦争は始まったのか。なぜあの戦争に至ってしまったのか。「なぜ」の部分が欠落し無視された教育からは、またも「なんとなく」か弱い民主的自意識しか生まれようがない。そしてその脆弱で確固たる価値観を形成しない戦後民主主義を漠然と受容し続けた結果、現在の子供や若者がまたぞろ加齢してシニアになった時に、シニア右翼に転向する可能性が横たわっている。

SDGsという美名がまるで戦後民主主義の代替となって語られるとき、その歴史的経緯を無視してスローガンだけがひた走るとき、彼らの自意識はそう遠くない将来「ネット動画」という一撃によって簡単に瓦解することになる。快適なネット空間が提供されることに併せて戦後民主主義が未完のままで放置されるのなら、常にこの社会にはシニア右翼が勃興する「余力」が残されている。こうしてシニア右翼は、再生産される重大な危険性を将来に及んで残すことになっている。

本質ではない未完成なSDGs教育がなされ、それが経年するとき、「貧困や格差や温暖化や食料問題の解決など」と言う美名は、実は嘘でまやかしだったんだ」という主張が必ず芽生えてくる。本質を伏せたまま、「ぼんやり」と受容される何かしらの正論が広がると、戦後民主主義がそうであったようにそれは必ず金属疲労によって崩壊し、「一撃」によって「真実に目覚めた」と主張する突拍子もない反対者が生まれる。

国民主権、基本的人権の尊重、平和主義を柱とする戦後民主主義は、現在SDGsに置き換えられようとしている。なぜSDGsが必要なのかの本質が無視され、そのスローガンを叫び続けること自体が目的化する。未完の民主主義の上に、付け焼刃で「SDGs」を吹き込んだところでそれは定着しえないのである。

そしてその脆弱な土台に育ったか弱い価値観は、ちょっとした「一撃」で崩壊する危険性と隣り合わせである。ＳＤＧｓ教育の未来は、戦後民主主義の現在をみれば火を見るよりも明らかである。

エピローグ——この国に「真の民主主義」は可能か

　高速インターネットが普及し、老若男女誰しもがクリック一つで再生できるネット動画の恩恵に預かった時代と、戦後民主主義の申し子たちが加齢してシニアになり、元から脆弱であった戦後民主主義が時間経過とともに金属疲労によって更に瓦解した時期は、まったく重なっている。

　1990年代後半に「新しい歴史教科書をつくる会」による自虐史観是正運動が盛んになった。通称「つくる会」運動はのちの右翼運動の大きな分水嶺になったが、この前後で日本会議が結成され、このすぐ後の2002年、日韓ワールドカップ共催大会を契機にネット右翼が誕生したのは単なる偶然ではない。「つくる会」運動はただちに天賦人権を否定するものでは無かったが、相対的に戦前を美化したので、戦後民主主義を否定する方向の源流となった。端的にこの時期に勃興した右翼運動は、戦争記憶の風化と反比例している。この運動を主導した人々の多くは、戦時中に生まれたが、当時まだ学童であり、本格的な社会経験はやはり戦後になってからである。

戦前の体制が戦後も継続したのは、そうしなければ日本再建ができなかったし、それをアメリカが極東戦略の中で志向したからであるが、戦争の終わらせ方にも原因がある。日本はポツダム宣言を受諾して無条件降伏したが、大本営も政府も１９４４年頃から本土決戦の研究を行っていた。やがて１９４５年になると、国民にもはっきりとした本土決戦の準備が意識されるようになった。しかし、日本は本土決戦を行わないまま戦争を終結させた。

戦後のドイツが完全に戦前体制と決別したのは、ナチスがあまりにも非人道的なことを行った事実への猛省も勿論あるが、ナチ・ドイツが戦争の終盤でソ連・連合国と直接の地上戦を戦った結果、ヒトラーが自決して国家体制が完全に崩壊したからである。日本は本土空襲の経験こそあれ、直接本土における地上戦を行って雌雄が決した結果、政権が崩壊した経験を有さない。終戦内閣である鈴木貫太郎がポツダム宣言受諾で総辞職したのちは、皇族の東久邇宮が組閣した。ＧＨＱは日本占領にあって間接統治を用いたので、国家機構が軍事力で以て瓦解したうえで戦後日本がリスタートしたわけではない。大空襲や原爆の悲劇はあったが、直接的に本土の民間人が米兵と交戦したとは言えない。本土決戦を経由しないで終戦に至った枢軸国は、原則的に日本だけである。戦争の末期段階における戦災が、どことなく「天変地異」の様に語られるきらいがあるのは、ドイツと違って本土での決戦を経験していないからである。

終戦時、日本軍は中国大陸で200万の陸軍が（質の問題はともかく）健在であった。日本軍が大東亜共栄圏建設の美名の元、南方作戦で支配したインドネシアや仏印方面は終戦時でもおおむね日本軍の支配のまま残されていた（フィリピン、ビルマ等を除く）。朝鮮も台湾も方面軍の支配下のまま終戦を迎えた。確かに日本は連合国に敗北したが、破滅的な軍事的敗北を経験したとまでは言えない。

これがゆえに、「少なくとも中国軍に対しては負けていない」として、戦後も中国蔑視が残り、南京事件否定や大陸侵略肯定論が歴史修正主義として湧いて出てくる遠因となった。当然、このような理由により戦前の体制が軍事力によって完全に覆滅《ふくめつ》されたわけではないので、「教育勅語は現代でも参考になる」などという歪んだ自意識が排除されずに残っている。

また連合軍の空襲や艦砲射撃は熾烈だったが、本土のインフラをすべて破壊したわけではない。戦前の日本は約7割が郡部に住んでいたことは述べた。郡部の生産力は青年層の出征と空襲による物流停滞・資源の不足によって相当低下していたが、都市部ほどのダメージを被ったわけではない。大量の陸軍がそのまま武装解除されたこと。郡部で生産力が辛うじて温存されたために、それをテコにして敗戦後の応急復興が企図されたこと。農村部のダメージが少なかったからこそ、敗戦後の大量餓死は起こらなかった。日本の戦争終結の姿は、他の枢軸国とはまったく異なっている。

唯一の例外は沖縄である。沖縄は沖縄戦で約10万の兵士・軍属が死に、更に約10万の民間人が戦死した。沖縄戦で沖縄のインフラは徹底的に破壊され、沖縄戦終結時点で健全な住宅は戦前の1割にも満たなかった。地上戦により貨幣経済も崩壊して、米軍収容キャンプから始まった戦後の沖縄は物々交換の原始経済からスタートを余儀なくされた。戦前の沖縄における支配層の利益は、戦災ですべて破壊された。戦前の沖縄は少ないながらも軽工業があったが、戦後は輸入経済（商社・輸入雑貨商）が寡占した。なぜなら、沖縄戦により戦後の沖縄の経済構造は米軍軍政下で「B円」が導入されたことにより、固定されたB円高レートで本土の物資を安く買うことができたからである。

沖縄のあらゆる戦前体制は沖縄戦により消え去り、政治体制も琉球政府と米軍軍政との権利獲得の闘いの様相を呈した。戦前と戦後が完全に断絶された日本国土の例は、沖縄が唯一である。現在でも沖縄で反米軍基地運動が盛んで、永田町中央の姿勢に批判的なのは、徹底的な戦災により戦前の体制を戦後に持ち越すことができず、確固とした戦争の反省と米軍軍政との権利闘争の中で強烈な民主主義的自意識が確立されたからだ。天変地異の一種として戦災をとらえ、だからこそ戦争の反省が不十分で、戦後もなんとなくの民主主義を受容してきた本土の意識と沖縄が異なるのは、こうした戦争の終盤における歴史的原体験が大きく作用している。沖縄が特殊なのではなく、本土の戦争経験の方が特異なのである。

日本がもしポツダム宣言受諾で降伏せず、本土決戦を行い軍事的に叩きのめされた後で国家体制が崩壊した結果降伏したらどうであったのか。このようなシミュレーションは架空戦記や小説の中で繰り返し語られてきたが、物理的な損害により戦前の旧体制の利益はすべて破壊されるので、戦後日本の人々の意識は明らかに現在とは違っていたであろう。戦前の旧構造を持ち越すことができないので、政治・経済・社会意識の全てが刷新されていただろう。その代わり日本が経済大国になったかは微妙である。私は日本が本土決戦を行った方が良かったとか、真の焦土化により戦前の利権が完全な形で無残に破壊された方が良かったと言っているわけではない。ただ想定される事実を述べているだけである。

動画をワンクリックで再生できる快適なインターネット環境の爆発的普及は、皮肉なことにただでさえ脆弱であった戦後民主主義に「一撃」を加えることになった。そしてそれは戦後日本の構造的な欠陥からもたらされたものでもある。それでも戦後、折に触れて戦後社会の刷新を行うチャンスはあった。ひとつは自民党腐敗政治が可視化されたロッキード事件の経験がある１９７０年代後半、もうひとつは冷戦崩壊後の国際社会の大変動により55年体制が一時期崩壊した90年代の前半である。だがそういった転機を有効に生かして社会を改良することが遂にできなかった。前述したいびつな選挙制度によりそれが阻まれたからである。非自民、非共産の細川及び羽田の各連立政権は短命に終わって自民党はまた復活し、２００９年からの民主党政権下では、自民党体制で温存された戦後体制を部分的に補強する方向で進んだ。改良の機会は失われて、日本は黄昏の道をひた進んでいる。

インターネットリテラシーの涵養が叫ばれて久しいが、そういったリテラシーは経験の中で養われる。座学でいくらスノボの滑走を教えても、ゲレンデでの実践に勝るものは無いのと同じである。よって今後の教育の中でいくらインターネットリテラシーを教えても、直接的に大きな作用をもたらすとは限らない。元々の足腰が弱かった戦後民主主義が更にこうなってしまった以上、真の民主的自意識を醸成する機会に大きく期待することはできない。何もするなと言っているわけではない。今後の教育によってある程度の修正は可能だし、その努力を放棄するべきではない。ただし、教育現場にその力が十分にあるとは思えない。シニアに忖度するメディアにも、もはや大きな力はない。

戦後民主主義という種をばらまいても、その土壌が弱いので大きな芽が出ないのである。少し育つには育つが、大きな大樹にはならなかった。大木が成長しやがて豊穣な森になるためには土壌を入れ替えるしかないが、それは破壊を伴う作業なので、秩序や既存利益の破壊を嫌う人々は受け入れがたい。

移民が重要なカギを握る。日本にあたらしく移住してくる人々は、日本社会の慣習を学び歴史を学ぶ場合はあるが、既存の政治勢力に対し基盤を持たず、またそれと関連する利権との癒着を持たないので、まったく新しい価値観――つまり豊穣な土壌を提供する原動力になりうる。移民の受け入れは少子高齢化で生産年齢人口が減少していく日本社会の直接的救済に繋がる部分があるが、最も大きい部分は日本国民の精神的刷新である。日本社会の慣習や旧い意識と無関係な人々が社会の中で大きな勢力を持つとき、自然と彼らの政治的発言力は増大するので、日本社会にある封建的な自意識は修正を迫られるからだ。

ところが現代日本は、右翼も革新も移民には否定的である。右翼は日本の伝統文化が移民によって破壊され犯罪が横行し治安が悪化すると反対し、革新は雇用が奪われるという経済的な側面から反対する。実際には「技能実習生」というまやかしで事実上の移民政策が為されているが、規制が厳しすぎるのと、職場環境が劣悪なので実習生たちは日本での労働にインセンティブを見つけることができず、滞在期間が終了すると国に帰って日本への永住に結び付いていない。

いまや日本人口の約2％程度を占める永住・定住外国人だが、西欧では移民とその子孫を出自とする人々の人口割合は20〜30％に達している場合が多い。バラク・オバマやリシ・スナクがトップになった米英仏型の民主主義にはまるで程遠い。日本は絶対的に外国人人口が少なく、それにより旧い社会慣習や意識を刷新する可能性を秘める人々が圧倒的に少ない。人口構成が旧いままなので、社会意識の変革が起こっていない。移民への正式な門戸解放は、日本社会の未成熟な民主主義意識を改良する将来性がある。いまさらシニア右翼に真の民主的自意識を植え付けることは不可能とまでは言えないが大変困難である。未完の戦後民主主義が産んだ存在こそがシニア右翼であるとすれば、その対抗勢力の主軸は民主的自意識を強烈に持った新住民にならざるを得ない。移民とその子孫は被移民国においてマイノリティになるので、彼らによる公正な権利擁護の社会運動が展開されるからだ。そうしたマイノリティの権利擁護の運動が軋轢を生みながらも達成されていったことで、人権や法、契約の概念を含んだ民主的自意識は社会全体でみたときより強くなる。この可能性に期待を持ちたいところだがうまくいっていない。

とりわけウクライナ戦争以降急速に進んだ円安によって、日本で労働をしようという人々の動機が弱くなっている。ある程度英語を話すことのできる東南アジアの勤労者階層は日本ではなく中東やオーストラリアに向かうのは自明である。円が強かった１９９０年代、移民への門戸開放を強く推し進めるべきであったが、それをしなかったので、もはや手遅れの感すら漂っている。

人口構成に特段の変化がないまま、日本社会は旧い構造から生まれる封建的な民主的自意識を改良できないまま現在を迎えている。既存の利害と大きな関係性を持たない強い民主的自意識を持った人々が社会の一角を占めれば、戦後民主主義の鬼子であり「変異体」であるシニア右翼は必ず痛打を被って衰退する。だが現実には前述の通りそうなっていない。シニア右翼を掣肘する勢力が弱いので、今後も彼らの増勢傾向は続くだろう。そして現在でもそうなっているが、彼らは将来にわたって日本社会の中枢でますます発言力を拡大させるだろう。「ＬＧＢＴに生産性がない」と公言する国会議員が比例代表で優遇されて総務省政務次官になった工業国は日本だけである。要するに後れた民主主義的自意識を受容して憚らない政治勢力が国家を運営しているのだ。この時点で日本は先進国ではないが、人口が多いがゆえにGDPがかさ増しされた結果、G7にいるだけなのである。

一方、現在の若い世代は遠くない将来、戦後民主主義の代わりに漠然と受容されるSDGsの歪んだ反対者になって、シニア右翼と極めて類似的な人々が社会の中に続々と誕生するだろう。反知性主義はこうやって将来にわたり再生産されていくのである。何を抜き出しても悲観的要素しかない。

或る時から私は、国家という概念で何かをとらえることを止めがちになった。国家が衰退していく局面であっても、民間企業の活動はまた別と言える。現実的に、堂々とは言われていないが日本の民間企業は内部留保を蓄え、その蓄財でM&Aを積極的に行い、海外に活路を求めている。日本の旧い産業構造が改善されないし、改良される可能性も薄いので、将来的な不安に備えて民間部門は海外への設備投資や様々な展開を強く行ってきた。

日本は失われた20年（30年）の結果、対外純資産が巨大に積みあがった。対外純資産とは民間部門や公的部門が海外に持つ資産から負債を差し引いた総額を指す。日本の対外純資産は2022年5月の段階で約411兆（円ベース）であり世界一である。これは日本が富裕国である事のみを示すものなのだろうか。実際にはそうではない。対外純資産の膨張は、日本国内に投資に適する案件がない結果である。国内に潤沢な投資先があれば、資本は国内で補完されるので対外純資産は減少する。一方、国内で有望な投資先がなければ、その余力は海外に向かうしかないので対外純資産は肥大する。現状の実相は後者である。

民間部門の多くは、国家単位で見た日本の衰退を敏感に感じ取り、資産の多くを海外に展開させることで不測の事態に備えている。日本国内へいくら投資しても未来がないので、民間部門は諦めて先んじて海外に打って出ている。「しかしもう日本に希望は無い」という「本当の事実」を公言すると、またぞろシニア右翼から「反日的だ」などと叩かれるので、このような民間企業は国内向けには「社会貢献活動を行っている」などとお茶を濁している。その筆頭が前掲したSGDsでもある。SDGsの掛け声は、日本国内に投資しないことの都合の良い理由付けになっている。「国内で社会貢献を行っている」ことを謳えば、直接投資を行わない負のイメージを相殺することができる。便利な標語ができたものである。

日本における勤労者の賃金が上がらないのはなぜだろうか。答えは簡単で、民間企業の多くが日本国内の市場について、将来的に楽観的な見通しを持たないからである。生産年齢人口の減少に従って規模が縮小していく市場に、なぜ投資する必要があるのだろうか。投資先として国内市場に魅力がないので、投資は行われないか撤退傾向にある。将来的に投資のリターンが見込まれる、という予測があれば勤労者の賃金を上げることを考えるが、縮小が半ば決まっている市場に対して、これ以上の資本を投入する必要はない。多くの民間部門がそう考えているからこそ、賃金を上げようというインセンティブは働かないのである。賃金を上げなくても労働者が黙々と働いてくれるのであれば、資本家は労賃を上げる必要はない。このような旧い産業を改良しなければ、社会意識もまた改良しえないのは自明である。

内閣はコロナ禍にあって、100兆円を超える経済対策をぶった。様々な批判があるがこの規模の予算が、先進工業国の中でとりわけ劣っているとは言えない。その中の巨費は飲食店への救済に使われた。大量の公金がコロナ禍で鈍った客足を補填するために飲食業界にばらまかれた。旅行業界もGO TOと全国旅行支援によって救済された。しかしその中には、コロナ禍があろうとあるまいと、経営度の力不足により廃業せざるを得なかった低生産・非効率の自営業者が含まれている。コロナ禍は皮肉なことに、日本の旧態依然とした産業構造を補強する方向に進んだ。コロナ禍があっても無くても淘汰される部門に補助金を交付するくらいなら、真に生活が困窮する低所得世帯のみに的を絞って更に手厚い生活支援を行った方が良かったといえる。

市場原理に任せておけば健全に淘汰されるべき産業を国が救って温存させた結果、コロナ禍が明けた後も彼らは補助金のうまみに頼るがあまり自己改革を行わない不採算事業者として延命するだろう。この構造はまさしく戦後日本構造のトレースである。低生産の産業を歪んだ再分配で温存させ、その見返りに自民党の集票機能とすることが繰り返されている。

日本社会の全体的な高齢化によって今後も増勢するシニア右翼。そして現代にあっては、そのシニア右翼を気持ちよくさせる言説がもてはやされ、縮小した市場をかろうじて下支えしている。現状の欠陥を備えた民主的自意識を刷新することを叫ぶよりも、日本がいかに現状のままで素晴らしく、日本社会は改良をしないまま、このままやっていけば良く、移民は必要がない、という現状追認の言説が商業的にもますます成功している。大きな資本の後ろ盾を持たない自称言論人たちは、単に既存のメディアに起用される事だけに腐心し、本質的な構造改革に賛同する言説を禁忌し、「あなたはそのままでいいんだ。何も変更する必要はない」という言説を垂れ流している。衰微するメディア業界の利権の中で必死に生き残ろうとするなら、改革を叫ぶよりも現状を追認することで縮小したパイを如何に大きく奪い取るかが愁眉の課題となる。その結果、その言論はますますいびつな民主主義的意識を追認することになり、改革は必要がないとされる。このような現状から、真の民主主義的意識は涵養されることはない。またぞろシニア右翼への追従と再生産が行われるだけだ。

移民とその子孫――繰り返しになるが、この二者こそが、シニア右翼が生まれた根本原因である未完の戦後民主主義を根底から改良する可能性を持つ存在である――をただちに増やすのは極めて難しいとなると、国内でシニア右翼への対抗勢力の基盤を強化することが最も近道と言える。幸いなことに、減少傾向が極めて強いとはいえ、日本は1億を超える人口大国だ。よって日本社会において真の民主主義的自意識を持った人々が、まだ数百～千万人単位で存在している。

私は現在革新とかリベラルとみなされている政治勢力や、与党であっても個々人の見識ある政治家にはその可能性をわずかに見出している。こういった政党の比例代表における絶対得票数は、日本において真に民主主義的自意識を持った人々が必ずしも死滅していないことを示しているからだ。この勢力を護持し、さらに発展させていくことがシニア右翼に対抗する重要な「拠点」「砦」となりうるのかも知れない。

ラクレとは…la clef=フランス語で「鍵」の意味です。
情報が氾濫するいま、時代を読み解き指針を示す
「知識の鍵」を提供します。

中公新書ラクレ
790

シニア右《う》翼《よく》
日本《にほん》の中高《ちゅうこう》年《ねん》はなぜ右《う》傾《けい》化《か》するのか

2023年 3 月10日発行

著者……古《ふる》谷《や》経衡《つねひら》

発行者……安部順一
発行所……中央公論新社
〒100-8152 東京都千代田区大手町 1-7-1
電話……販売 03-5299-1730　編集 03-5299-1870
URL https://www.chuko.co.jp/

本文印刷……三晃印刷
カバー印刷……大熊整美堂
製本……小泉製本

Published by CHUOKORON-SHINSHA, INC.
Printed in Japan　ISBN978-4-12-150790-7　C1236

中公新書ラクレ　好評既刊

L737
分断のニッポン史
—ありえたかもしれない敗戦後論

赤上裕幸 著

災害、感染症、格差……いま各所で「分断」が叫ばれる。だが歴史を遡ると、敗戦直後には国が分割される恐れが実際にあり、分断統治や架空戦記を描いた小説・マンガが人気を博してきた。欧米ではこうした「歴史のif＝反実仮想」の歴史学は重要な研究として認知されてきたが、本書は国内の研究では数少ない試みである。さらに震災等による列島分断を描いた未来小説も検証。最悪のシナリオを描いた作品群から、危機克服のヒントを学ぶ。

L750
なぜ人に会うのはつらいのか
—メンタルをすり減らさない38のヒント

斎藤　環＋佐藤　優 著

「会ったほうが、話が早い」のはなぜか。それは、会うことが「暴力」だからだ。人に会うとしんどいのは、予想外の展開があって自分の思い通りにならないからだ。それでも、人は人に会わなければ始まらない。自分ひとりで自分の内面をほじくり返しても「欲望」が維持できず、生きる力がわかないからだ。コロナ禍が明らかにした驚きの人間関係から、しんどい毎日を楽にする38のヒントをメンタルの達人二人が導き出す。

L753
エリートと教養
—ポストコロナの日本考

村上陽一郎 著

政治家は「言葉の力」で人々の共感を醸成できるのか？　専門家は学知を社会にどのように届けるべきか？——不信感と反感が渦巻く今こそ、エリートの真価が試されている。そこで改めて教養とは何か、エリートの条件とは何か、根本から本質を問うた。政治、日本語、音楽、生命……文理の枠に収まらない多角的な切り口から、リベラル・アーツとは異なる「教養」の本質をあぶりだす。『ペスト大流行』の著者、科学史・文明史の碩学からのメッセージ。